최고의 선택, 카멀라 해리스

최고의 선택, 카멀라 해리스

초판 1쇄 인쇄 | 2024년 08월 14일
초판 1쇄 발행 | 2024년 08월 26일

지은이 | 이채윤
펴낸이 | 김용길
펴낸곳 | 작가교실
출판등록 | 제 2018-000061호 (2018. 11. 17)

주소 | 서울시 동작구 양녕로 25라길 36, 103호
전화 | (02) 334-9107
팩스 | (02) 334-9108
이메일 | book365@hanmail.net

인쇄 | 하정문화사

＊책값은 뒤표지에 표기되어 있습니다.
＊잘못 만들어진 책은 구입처에서 교환해 드립니다.
＊이 책은 KopubWorld, 아리따, Pretendard 서체를 사용했습니다.

첫 여성, 첫 흑인, 첫 아시아계 부통령으로서 미국 민주당 대선 후보가 되다!

최고의 선택,
카멀라 해리스

이 채 윤 지음

작가
교실

카멀라 데비 해리스(Kamala Devi Harris).

그녀의 이름은 이제 전 세계적으로 널리 알려진 이름이 되었다.

2024년 7월 21일 조 바이든 대통령은 민주당 대통령 후보에서 전격 사퇴했다. 그 후 세계인의 눈길은 카멀라 해리스에게 쏠렸다. 조 바이든 대통령은 대국민 연설을 통해 대선 후보 중도 사퇴를 발표하면서, 카멀라 해리스 부통령을 지지할 것을 당부했다.

미국 최초의 여성, 흑인, 아시아계 부통령이자, 지금은 미국 민주당 대통령 후보로서 새로운 도전을 준비하고 있는 그녀의 이야기는 많은 사람들에게 영감을 주고 있다. 이러한 성공의 이면에는 그녀의 어린 시절부터 시작된 긴 여정과 도전이 있었다.

카멀라 해리스는 1964년 10월 20일, 캘리포니아 오클랜드에서 태어났다. 그녀의 부모님은 두 대륙에서 온 이민자로, 미국의 꿈을 이루기 위해 캘리포니아에 정착했다. 어머니 샤말라 고팔란(Shyamala Gopalan)은 인도 타밀 나두 출신의 유방암 연구자로, 뛰어난 과학적 업적을 남겼다. 아버지 도널드 해리스(Donald Harris)는 자메이카 출신의 흑인 경제학자로, 스탠퍼드 대학에서 경제학 교수를 역임했다.

어린 시절의 카멀라는 부모님의 음악 사랑 속에서 자랐다. 어머니는 아레사 프랭클린의 가스펠을 즐겨 불렀고, 아버지는 텔로니어스 몽크와 존 콜트레인의 재즈를 사랑했다. 이들은 단순히 음악을 즐기는 것에 그치지 않고, 자녀들에게 다양한 음악적 경험을 제공하여 문화적 배경을 이해하고 존중할 수 있도록 도왔다. 그러나 음악과 학문이 가득한 집안에서도 어려움은 있었다.

카멀라가 일곱 살 때, 부모님의 결혼 생활은 끝이 났다. 그녀는 어머니를 따라 캐나다 몬트리올로 이주한 후 고등학교까지 마쳤다. 카멀라의 학창 시절은 그리 쉽지 않았지만, 새로운 환경에 적응하며 학업에 전념했다. 인종적 편견과 차별을 경험하면서도, 그녀는 자신의 정체성을 잃지 않고 오히려 그것을 자랑스럽게 여겼다. 샤말라는 홀로 두 딸을 키우며 연구와 양육을 병행하는 강인한 모습을 보였다.

하워드 대학교에서의 시간은 그녀에게 중요한 전환점이 되었다. 워싱턴 D.C.에 위치한 유서 깊은 흑인 대학 하워드에서 정치학과 경제학을 전공하며 흑인 학생회 활동에 참여한 그녀는 정치적 인식을 키우고, 강력한 인맥을 형성했다.

하워드 대학 졸업 후 카멀라는 캘리포니아 대학교 헤이스팅스 법학대학원에 진학했다. 법학 공부를 마친 후, 그녀는 알라메다 카운티 지방검사로 법조계에 첫 발을 내딛었다.

여기서 그녀는 법의 정의를 실현하기 위해 노력하며 다양한 범죄와 싸웠다. 이후 샌프란시스코 지방검사장, 캘리포니아주 검찰총장 겸 법무장관 경력은 그녀를 전국적으로 주목받는 인물로 만들었다. 환경 보호, 소비자 권리, 형사사법개혁 등 다양한 분야에서 그녀의 활동은 큰 영향을 미쳤다.

2016년, 카멀라는 캘리포니아주 상원의원으로 선출되며 정치 경력에 새로운 장을 열었다. 상원에서의 첫 여성 인도계 및 아프리카계 미국인 상원의원으로서, 그녀는 형사사법개혁, 이민문제, 환경정책 등 다양한 법안을 발의하며 적극적인 활동을 펼쳤다. 이러한 활동은 그녀를 2020년 민주당 부통령 후보로 이끌었고, 역사적인 첫 여성, 첫 흑인, 첫 아시아계 부통령으로서의 길을 열어주었다.

부통령으로서 카멀라는 코로나19 대처, 경제 회복, 국제 외교 등 다양한 분야에서 중요한 역할을 수행했다. 그녀의 정치적 파트너십과 새로운 도전 과제는 계속해서 주목받고 있으며, 이제는 2024년 미국 민주당 대선 후보로서 새로운 도전을 준비하고 있다.

조 바이든 대통령이 2024년 대선에서 중도 사퇴한 날, 영국의 유명 팝 가수 찰리 XCX(Charlie XCX)가 "카멀라는 악동이다(kamala IS brat)"라는 트윗을 올린 후 카멀라 해리스 부통령의 캠페인은 공식 소셜 미디어 계정을 밝은 초록색으로 업데이트했다.

이 트윗은 많은 사람들에게 주목을 받았으며, 카멀라 해리스 부통령의 젊고 활기찬 이미지를 강조하는 데 일조했다. "악동"이라는 표현은 해리스 부통령이 기존의 틀을 깨고 새로운 변화를 추구하는 리더임을 강조한 것이다.

카멀라 해리스는 러닝메이트로 팀 월즈 미네소타주지사를 낙점했다. 월즈 주지사는 최근 드럼프와 J.D. 밴스를 겨냥해 '괴상하다(weird)'는 표현을 써 지지층의 환호를 이끌었던 인물이다. 월즈의 이 한마디는 어떤 많은 수식보다도 트럼프를 잘 표현한 것이라서 짧은 시간 동안 소셜 미디어에서 폭발적으로 확산되었고, 유세 현장에서 카멀라 해리스는 뒤에서 여유롭게 '엄마 미소'를 짓고 있다.

이 책은 카멀라 해리스의 어린 시절부터 현재까지의 여정을 9장에 걸쳐 상세히 다루고 있다. 그녀의 삶은 단순한 성공 스토리를 넘어, 다양한 문화적 배경과 사회적 도전을 극복하며 성장해온 한 여성의 이야기다. 각 장에는 그녀의 개인적인 이야기와 함께, 그녀가 어떻게 오늘날의 위치에 이르게 되었는지를 알 수 있는 구체적인 사건들과 성취를 다루고 있다.

이 책을 펼쳐든 여러분이 카멀라 해리스의 삶을 깊이 이해하고, 그녀의 도전과 성공에서 영감을 얻을 수 있기를 기원한다.

| 차례 |

■ 프롤로그   ·04

제1장 어린 시절과 가정환경

01 인도에서 온 샤말라와 자메이카에서 온 도널드의 만남   ·15
02 카멀라(Kamala)라는 이름의 의미   ·18
03 첫 시위 경험   ·20
04 음악이 가득한 집   ·22
05 부모님의 이혼   ·24
06 버클리의 노란색 듀플렉스에서 성장하다   ·26
07 어머니의 나라 인도, 그리고 가족들   ·29
08 어린 시절의 통합 교육 경험   ·31
09 어린 시절의 종교적 경험과 정체성   ·34
10 인도 방문과 외조부모의 영향   ·36

제2장 캐나다에서 보낸 시절

01 몬트리올로의 이주와 어머니의 연구 활동   ·41
02 몬트리올의 노트르담데네주 초등학교   ·43
03 몬트리올에서의 시위와 리더십   ·45
04 웨스트마운트 고등학교에서의 경험   ·47
05 흑인 역사에 대한 관심과 정체성 형성   ·51

제3장 하워드 대학교에서의 시간

01 흑인 대학 하워드 대학교 입학 · 57

02 알파 카파 알파 소로리티 · 59

03 다채로운 사회 체험 · 61

04 정치학과 경제학을 전공하며 흑인 학생회 활동 · 62

제4장 법학 공부와 첫 경력

01 헤이스팅스 법학대학원 입학 · 67

02 법조인으로서의 경력 시작 · 71

03 알라메다 카운티 검찰청에서의 경험 · 73

04 알라메다 카운티 지방검사실에서의 주요 사건과 성과 · 75

05 가족과 직업 선택의 갈등 · 79

06 어머니로부터 배운 교훈 · 81

제5장 검사로서의 경력

01 샌프란시스코 지방검사로 스카우트되다 · 85

02 각종 범죄와의 싸움 및 법적 개혁 추진 · 87

03 첫 정치적 도전 · 89

04 선거 승리와 그 후 · 94

05 삼진아웃법의 수정과 범죄 예방 프로그램 도입 · 98

06 카멀라 해리스의 논란이 된 결정 · 100

07 코카인 도난 사건과 그 후폭풍 · 102

08 카멀라 해리스의 무단결석 법안 · 104

09 카멀라 해리스와 개빈 뉴섬의 우정 · 107

10 어머니 샤말라 고팔란의 말년 · 110

제6장 캘리포니아주 법무장관

01 2010년 캘리포니아주 법무장관으로 선출 · 115

02 법무장관으로서의 주요 활동과 업적 · 119

03 카멀라 해리스의 주택 위기 해결 노력 · 123

04 경찰 책임성 강화 Open Justice 플랫폼 · 126

05 카멀라 해리스와 OneWest 은행: 민사 집행 조치 거부 · 128

06 전국적으로 주목받는 법무장관으로 성장 · 130

07 버락 오바마와 함께 한 정치적 여정 · 134

08 결혼, 새로운 시작 · 137

제7장 미국 캘리포니아주 상원의원 경력

01 2016년 캘리포니아주 상원의원으로 선출 · 141

02 정치적 비전과 목표 · 145

03 제프 세션스 청문회 · 150

04 브렛 캐버노 청문회 · 153

05 열정적인 지지자들의 이야기 · 157

06 트럼프의 당선과 새로운 싸움의 시작 · 161

07 트럼프 행정부의 정책을 질타하다 · 163

08 카멀라 해리스의 이민자 보호 정책 · 165

제8장 첫 여성, 첫 흑인, 첫 아시아계 부통령

01 2020년 민주당 대선 후보 경선에 나서다 · 169

02 캠페인의 마무리 · 172

03 카멀라 해리스의 조 바이든 지지 선언 · 175

04 조 바이든의 러닝메이트 지명 · 178

05 고등학교 시절 친구 케이건과의 이야기 · 182

06 부통령 후보 토론 · 186

07 첫 여성, 첫 흑인, 첫 아시아계 부통령의 탄생 · 189

08 부통령 취임식 · 192

09 위키피디아 페이지 수정으로 본 카멀라 해리스 · 194

10 요리 애호가로서의 카멀라 해리스 이야기 · 197

11 부통령으로서의 첫해 · 200

12 부통령으로서의 업적 · 203

제9장 미래와 미국 대통령

01 무슨 일이 일어나고 있지?   · 209

02 민주당 대통령 후보 카멀라 해리스   · 215

03 카멀라 해리스에 대한 지지 선언 봇물   · 218

04 카멀라 해리스의 러닝메이트 팀 월즈   · 220

05 대통령 후보로서의 도전   · 224

06 초조해진 트럼프의 공격   · 229

07 대통령으로 가는 길   · 232

08 카멀라 해리스의 주요 공약   · 236

◇ 카멀라 해리스 연혁 ◇

제1장
어린 시절과 가정환경

01 인도에서 온 샤말라와 자메이카에서 온 도널드의 만남

02 카멀라(Kamala)라는 이름의 의미

03 첫 시위 경험

04 음악이 가득한 집

05 부모님의 이혼

06 버클리의 노란색 듀플렉스에서 성장하다

07 어머니의 나라 인도, 그리고 가족들

08 어린 시절의 통합 교육 경험

09 어린 시절의 종교적 경험과 정체성

10 인도 방문과 외조부모의 영향

01
인도에서 온 샤말라와 자메이카에서 온 도널드의 만남

카멜라 해리스는 1964년 10월 20일 캘리포니아주 오클랜드에서 이민자 부모 사이에서 태어났다. 아버지 도널드 해리스(Donald Harris)는 자메이카 출신 흑인 경제학자였고, 어머니 샤말라 고팔란(Shyamala Gopalan)은 인도 출신의 암 연구원이었다.

도널드 해리스는 1938년 자메이카에서 태어났다. 그는 어린 시절부터 경제학에 큰 관심을 가지고 있었으며, 자메이카의 킹스턴에서 학부를 마친 후, 미국으로 유학을 떠나기로 결심했다.

도널드는 1961년, 장학금을 받고 미국으로 건너와 캘리포니아 대학교 버클리 캠퍼스에서 경제학 박사 과정을 시작했다. 도널드는 개발 경제학과 마르크스 경제학 분야에서 중요한 연구를 수행하며, 스탠퍼드 대학교에서 오랜 기간 교수로 재직했다. 그는 자메이카와 같은 개발도상국의 경제 문제를 연구하며, 경제적 불평등 문제를 해결하기 위한 다양한 방안을 제시했다.

샤말라 고팔란은 1938년 인도의 타밀 나두에서 태어났다. 그녀는 인도 남부의 카스트 계급 중에서도 특권 엘리트층인 브라만 가정에서 자랐으며, 어린 시절부터 학문에 대한 열정이 있었다. 샤말라는 인도 델리 대학에서 학부를 마친 후, 유전자 연구에 깊은 관심을 갖게 되어 미국으로 유학을 결심했다. 샤말라는 1958년, 19세의 나이에 장학금을 받고 미국 캘리포니아 대학교 버클리 캠퍼스로 유학을 떠났다. 당시 여성으로서 과학 분야에 진출하는 것은 쉽지 않은 일 이었지만, 샤말라는 뛰어난 학업 성적과 열정으로 이 어려움을 극복 했다. 영양학 및 내분비학을 공부한 그녀는 1964년에 박사 학위를 받았다. 그녀는 유방암 연구에 매진하며, 훗날 유전자 연구의 선구 자가 되었다. 그녀의 연구는 유방암의 원인과 치료 방법을 이해하는 데 큰 기여를 했다.

두 사람은 버클리에서 민권운동에 참여하던 중 만나 사랑에 빠졌 다. 1962년 가을, 도널드는 버클리의 학생 그룹인 '아프로-아메리 칸 협회(Afro-American Association)'의 회의에 초청을 받고 연설을 했 다. 그의 연설을 듣던 청중 중에 샤말라가 있었다. 도널드와 샤말라 는 서로에게 반했고 연애를 시작했다. 두 사람은 당시의 사회적, 정 치적 움직임에 깊이 공감하며 서로에게 끌리게 되었다.

버클리 캠퍼스는 당시 미국의 진보적인 사상과 사회운동의 중심 지 중 하나였다. 샤말라와 도널드는 민권운동, 반전운동 등 다양한 사회운동에 함께 참여하며 서로의 가치관과 비전에 공감하게 되었 다. 이들은 학문적 토론을 통해 서로의 지식을 넓히고, 다양한 주제 에 대해 깊이 있게 논의했다. 샤말라는 도널드의 경제학적 통찰력에 매료되었고, 도널드는 샤말라의 과학적 열정과 지식에 깊은 인상을 받았다. 이들은 서로의 배경과 경험을 존중하며, 미래를 함께 꿈꾸 게 되었다.

도널드는 당시를 이렇게 회상하고 있다.

"그때 우리는 이야기를 나누었고, 그 다음 회의에서 계속해서 이

야기를 나누었고, 또 다른 회의에서, 또 다른 회의에서도 이야기를
나누었습니다."

1963년 7월, 두 사람은 결혼했다. 두 사람 사이에는 두 딸이 태어
났는데, 카멀라가 맏이였고, 여동생 마야(Maya)는 2년 후에 태어났
다. 어머니는 카멀라가 태어난 해인 스물다섯 살에 박사 학위를 받
았다.

02
카멀라(Kamala)라는 이름의 의미

카멀라의 이름에는 깊은 의미가 담겨 있다. 그녀의 어머니는 카멀라(Kamala)라는 이름을 선택했는데, 이 이름은 인도 문화와 여성의 힘을 상징한다. 카멀라는 '연꽃'을 의미하며 힌두교 여신 락슈미(Lakshmi)의 또 다른 이름이기도 하다. 락슈미 여신은 부와 번영, 그리고 행운을 상징하는 여신이다.

어머니 샤말라는 카멀라에게 강한 여성으로 자라도록 교육하는 데 많은 노력을 기울였다. 그녀는 로스앤젤레스 타임스와의 인터뷰에서 "여신을 숭배하는 문화는 강한 여성을 만든다"고 말하며 딸에게 이름을 통해 여성의 힘과 인도 문화의 자부심을 심어주고자 했다고 전했다.

어느 날, 어린 카멀라는 어머니와 함께 인도 전통 축제인 디왈리(Diwali)를 맞이하게 되었다. 디왈리는 빛의 축제로, 락슈미 여신을 기리는 중요한 행사다. 샤말라는 두 딸에게 축제의 의미와 전통에 대해 설명하며, 자신들이 속한 문화의 중요성을 가르쳤다.

그날 저녁, 샤말라는 카멀라와 마야를 데리고 집 근처의 힌두 사원으로 갔다. 사원에는 수많은 사람들이 모여 락슈미 여신에게 기도를 드리고 있었다. 샤말라는 두 딸의 손을 잡고 사원 안으로 들어가면서 말했다.

"오늘 우리는 락슈미 여신에게 기도드리러 왔어. 여신은 우리에게 부와 번영을 가져다주시지."

카멀라는 사원의 화려한 장식과 밝게 빛나는 램프들에 감탄하며 어머니의 말을 경청했다. 그녀는 어머니와 함께 기도를 드리고, 램프에 불을 붙이며 축제의 중요성을 체험했다. 샤말라는 카멀라에게 이렇게 말하며 자신감을 불어넣어 주었다.

"네 이름은 락슈미 여신의 또 다른 이름이야. 너는 여신처럼 강하고, 지혜롭고, 아름다워."

어머니 샤말라는 과학자로서의 연구와 함께 두 딸에게 인도 문화와 전통을 가르치는 데 많은 시간을 보냈다. 그녀는 인도 음악과 춤을 가르치고, 인도 요리를 함께 만들며 가족의 유대감을 강화했다. 이러한 경험들은 카멀라가 자신의 뿌리를 자랑스러워하고, 강한 여성으로 성장하는 데 큰 영향을 미쳤다.

카멀라는 어머니의 가르침을 바탕으로 학업에 열중했다. 그녀는 정치학과 경제학을 전공하며 학문적으로도 뛰어난 성과를 거두었고, 대학 시절에도 다양한 사회운동에 참여했다. 카멀라는 어머니가 보여준 강인함과 지혜를 본받아 사회 정의와 평등을 위한 활동을 지속적으로 이어갔다.

03
첫 시위 경험

카멀라는 캘리포니아 오클랜드에서 자랐는데, 그곳은 사회 정의에 특별히 관심이 많은 지역이었다. 그녀의 부모는 어린 카멀라를 유모차에 태우고 시위에 데리고 다녔다.

카멀라가 다섯 살이 되던 해, 젊은 부모는 흑인 인권 운동가들이 주최한 큰 집회에 참여했다. 그 집회는 오클랜드의 시청 앞에서 열렸는데, 수백 명의 사람들이 모여 인종 차별과 불평등에 대한 항의를 하고 있었다.

카멀라의 부모는 그녀를 유모차에서 꺼내 손을 잡고 군중 속으로 데려갔다. 아버지는 연단에서 연설하는 운동가의 말을 경청하며, 카멀라에게 말했다.

"저 사람들은 우리에게 평등을 원한다는 걸 말하고 있어. 너도 잘 들어봐."

어머니는 카멀라를 안고 군중들과 함께 구호를 외쳤다.

"우리는 평등을 원한다! 지금 당장!"

그 순간, 어린 카멀라는 부모님과 함께 외치는 목소리들 속에서 아주 특별한 열정을 느꼈다. 그녀는 부모님의 열정과 군중의 결의에 압도되었으며, 그날의 경험이 평생 동안 그녀의 가슴 속에 남게 되었다. 그때를 카멀라는 이렇게 회상한다.

"부모님은 종종 저를 유모차에 태우고 민권 행진에 참여하셨어요. 어릴 적 다리가 바쁘게 움직이고 에너지와 함성, 구호가 가득했던 기억이 생생합니다. 사회 정의는 가족 대화의 중심 주제였습니다. 어머니는 내가 어렸을 때를 이야기하며 웃으시곤 하셨죠."

부모님의 사회 정의에 대한 헌신은 그녀의 미래 경력에 큰 영향을 미쳤다. 샤말라의 시민권 운동 참여는 젊은 카멀라가 정의를 외치는 목소리를 가까이에서 보게 했고, 훗날 그녀가 공직에 진출하는 데 중요한 기초가 되었다. 이 가족의 일화는 카멀라가 어린 시절부터 정의와 평등에 대한 가치를 체득하게 만든 중요한 요소 중 하나였다.

04
음악이 가득한 집

카멀라 해리스의 집은 늘 음악으로 가득 채워졌다. 어머니 샤말라는 인도에서 자라면서 인도 전통 음악과 가스펠 음악에 대한 깊은 사랑을 키웠다. 그녀는 자주 노래를 부르며 가족과 함께 시간을 보냈고, 인도 전통 음악뿐만 아니라 아레사 프랭클린(Aretha Franklin)과 에드윈 호킨스 싱어즈(Edwin Hawkins Singers)의 가스펠 음악도 즐겨 들었다. 아침에는 샤말라가 주방에서 인도 요리를 준비하며 부르는 노랫소리가 들렸다.

어머니 샤말라는 어린 시절 인도에서 노래자랑 대회에 나가서 상을 받을 정도로 노래를 잘했다. 카멀라는 어머니의 그 노랫소리를 듣는 것을 좋아했다. 샤말라는 두 딸, 카멀라와 마야에게 음악의 중요성을 가르쳤다. 저녁 식사 후에는 자주 음악을 틀어 놓고 가족이 함께 노래를 부르거나 춤을 추었다. 이 시간은 가족 간의 유대를 강화하고, 스트레스를 해소하는 즐거운 시간이었다.

아버지 도널드도 어머니만큼이나 음악에 관심이 많았다. 아버지는 방대한 재즈 컬렉션을 수집했는데, 앨범이 벽 한쪽 선반을 가득 채울 정도로 많았다. 그는 존 콜트레인(John Coltrane), 마일스 데이비스(Miles Davis), 텔로니어스 몽크(Thelonious Monk) 등의 음악을 좋아했다. 도널드는 매일 밤 재즈 음악을 들으며 잠들곤 했고, 이러한 습관은 가족 모두에게 영향을 미쳤다.

도널드는 자주 딸들과 함께 재즈 콘서트에 가거나 집에서 음악을 들으며 그 역사적 배경을 설명하곤 했다. 그는 재즈 음악이 아프리카계 미국인의 역사와 문화를 이해하는 데 중요한 역할을 한다고 강조했다. 이러한 교육은 카멀라와 마야에게 두 문화의 가치를 모두 이해하고 존중하는 기회를 제공했다.

음악은 가족에게 위안을 주는 중요한 요소였다. 카멀라는 종종 거실 바닥에 앉아 어머니가 좋아하는 레코드를 따라 부르는 모습을 지켜보았다. 이러한 음악적 환경은 단순한 오락을 넘어 문화적 표현과 그들의 다양한 유산과의 연결 고리를 형성했다.

05
부모님의 이혼

하지만 부모님 사이의 화목은 오래가지 못했다. 카멀라의 부모님은 그녀가 7살 때 이혼했다. 도널드가 위스콘신 대학교에서 교수직을 맡으면서 떨어져 지내기 시작했고, 이로 인해 부부 관계가 소원해졌다. 이혼의 주요 원인은 학문적 열정과 바쁜 일정으로 인해 발생한 갈등, 그리고 서로 다른 문화적 배경에서 오는 차이였다.

카멀라의 기억에 따르면 부모님은 서로에게 친절하지 않았다.

"서로를 매우 사랑한다는 것은 알았지만 마치 기름과 물처럼 멀어진 것 같았어요. 내가 다섯 살이 되었을 무렵, 두 분의 유대감은 서로 맞지 않는다는 무게에 눌려 사라져 버렸어요. 아버지가 위스콘신 대학교에 취직하신 직후 별거하셨고, 몇 년 후 이혼하셨어요. 두 분은 돈 때문에 싸우지 않으셨어요. 두 분이 싸운 유일한 이유는 책을 누가 가져가느냐였죠. 두 사람이 좀 더 나이가 많고 정서적으로 성숙했더라면 결혼 생활이 지속될 수 있었을지도 모른다는 생각을 자주 했어요. 하지만 그들은 너무 어렸어요."

어머니는 두 딸, 카멀라와 마야를 데리고 캘리포니아로 돌아왔고, 결국 두 사람은 1972년에 이혼했다. 샤말라는 이혼 후 두 딸을 혼자 키웠고, 카멀라와 마야는 주로 어머니의 영향을 많이 받으며 자랐다.

부모님의 이혼은 어린 카멀라에게 큰 충격이었지만, 어머니 샤말라의 강한 의지와 헌신 덕분에 그녀는 어려움을 극복하고 성장할 수 있었다. 이 과정에서 카멀라는 강한 정신력과 독립심, 그리고 사회적 책임감을 키우게 되었다.

06
버클리의 노란색 듀플렉스에서 성장하다

카멀라 해리스의 어린 시절은 캘리포니아주 버클리의 노란색 듀플렉스에서의 성장 이야기로 가득하다. 이혼 후 샤말라는 버클리의 일부인 밴크로프트웨이의 듀플렉스 맨 위층으로 이사했다. 그곳은 맞벌이 가정이 밀집한 동네였다. 아메리칸 드림의 가장 기본적인 신조인 '열심히 일하고 세상을 바로잡으면 자녀가 나보다 더 잘살 수 있다'는 믿음을 가진 사람들이 자녀에게 투자하는 공동체였다.

버클리의 노란색 듀플렉스는 단순한 집이 아니라 지적이고 문화적인 성장이 이루어지는 중심지였다. 샤말라의 동료들과 친구들, 특히 시민권 운동의 주요 인물들이 자주 방문했다. 이러한 모임은 사회 정의, 과학, 정치에 대한 토론으로 가득 차 있었으며, 카멀라와 마야에게 세상을 보는 특별한 관점을 제공했다.

노란색 듀플렉스의 꼭대기 층은 샤말라의 헌신과 결단력을 보여주는 장소가 되었다.

싱글맘이 된 샤말라는 연구와 양육을 병행하며 강인한 모습을 보였다. 그녀는 두 딸을 훌륭하게 키우기 위해 많은 노력을 기울였다. 그녀는 자신의 딸들이 자신감 있고 당당한 흑인 여성으로 성장할 수 있도록 노력했다.

어머니는 매일 밤늦게까지 연구와 일을 병행했다. 그녀는 연구실에서 늦게까지 일하는 날이 많았지만, 그럴 때마다 딸들을 연구실로 데려가 함께 시간을 보냈다. 카멀라와 마야는 어머니의 연구실에서 시험관을 청소하며 과학의 세계를 접했고, 이는 그들에게 강한 노동 윤리와 학문에 대한 사랑을 심어주었다. 어머니는 주말마다 도서관에 가서 두 딸과 함께 책을 읽으며 학문에 대한 사랑을 키워주었다. 어머니는 자주 "지식은 힘이다. 배움은 네가 원하는 세상을 만드는 데 필요한 도구다."라고 강조했다.

어느 날, 카멀라는 학교에서 돌아와 어머니가 집에서 실험을 하고 있는 모습을 보았다. 어머니는 부엌을 작은 실험실로 바꾸어 연구를 계속하고 있었고, 카멀라는 그런 어머니를 보며 과학과 학문에 대한 존경심을 키워갔다. 어머니는 항상 두 딸에게 "어떤 일이 있어도 포기하지 말아라. 네가 원하는 것을 이룰 수 있도록 최선을 다해라."라고 말하곤 했다.

카멀라가 10살이 되던 해, 학교에서 과학 프로젝트가 주어졌다. 카멀라는 이 프로젝트를 통해 어머니의 연구와 과학에 대한 열정을 더 깊이 이해하게 되었다. 그녀는 집에서 어머니의 도움을 받아 실험을 준비하기 시작했다. 프로젝트 주제는 "식물의 성장에 미치는 다양한 환경 요인의 영향"이었다.

카멀라는 어머니와 함께 다양한 조건에서 식물을 키워보았다. 한쪽에는 충분한 햇빛과 물을 제공하고, 다른 쪽에는 제한된 자원을 제공하여 식물의 성장 변화를 관찰했다. 실험을 통해 카멀라는 과학적 방법론과 데이터 분석의 중요성을 배웠고, 어머니와 함께하는 시간은 그녀에게 큰 영감을 주었다.

과학 프로젝트 발표 날, 카멀라는 듀플렉스 집에서의 실험 결과를 학교 친구들과 선생님들 앞에서 자신 있게 발표했다. 그녀의 발표는 큰 호응을 얻었고, 카멀라는 그 경험을 통해 자신감과 학문적 열정을 키워갔다. 어머니는 발표 후 카멀라를 안아주며 "네가 해낸 일이 무척 자랑스럽구나. 앞으로도 계속 도전해라"라고 말했다.

카멀라와 마야는 어머니의 이러한 가르침을 통해 학업에 대한 열정을 키웠고, 사회 정의와 평등에 대한 가치를 내면화하게 되었다.

07
어머니의 나라 인도, 그리고 가족들

또한 어머니는 인도 문화를 유지하며 딸들에게 힌두교의 전통과 인도 역사를 가르쳤다. 그녀는 자주 인도 음식을 요리하며, 딸들이 자신의 뿌리를 이해하고 존중할 수 있도록 했다. 이러한 교육은 카멀라와 마야에게 두 문화의 가치를 모두 이해하고 존중하는 기회를 제공했다.

어머니 샤말라는 인도에서 정치 활동과 시민 리더십이 자연스럽게 몸에 밴 가정에서 자랐다.

외할아버지 P.V. 고팔란(P.V. Gopalan)은 인도 독립운동에 참여했던 인물이다. 그는 인도의 독립을 위한 투쟁에 적극적으로 참여했다. 그는 마하트마 간디(Mahatma Gandhi)와 자와할랄 네루(Jawaharlal Nehru) 등 인도의 독립운동 지도자들과 함께 일했고, 그의 활동은 인도의 독립을 앞당기는 데 크게 기여했다.

인도 독립 후, 고팔란은 인도 정부의 고위 외교관으로 여러 나라에서 인도 정부를 대표하며 외교 활동을 펼쳤다. 그의 외교관 경력은 특히 아프리카 대륙에서 두드러졌다.

잠비아가 독립한 후, 고팔란은 인도 정부의 외교관으로서 잠비아에서 난민 정착을 도왔다. 당시 잠비아는 독립 과정에서 많은 어려움을 겪고 있었고, 난민 문제는 그 중 하나였다. 고팔란은 잠비아 정부와 협력하여 난민들이 안전하게 정착할 수 있도록 지원했다.

외할머니 라잠 고팔란은 고등학교도 졸업하지 않았지만 숙련된 지역사회 조직가였다. 그녀는 남편에게 학대받는 여성들을 데려다가 남편들에게 전화를 걸어 자수하지 않으면 자신이 돌보겠다고 말하곤 했다. 그녀는 마을 여성들을 한데 모아 피임에 대해 교육하기도 했다.

어머니는 두 분을 통해 삶의 목적과 의미를 부여하는 것이 타인을 위한 봉사라는 것을 배웠다. 그리고 카멀라는 어머니의 강인함과 용기를 물려받았다. 어머니는 부모님의 예리한 정치의식을 통해서 역사를 의식하고, 투쟁을 의식하고, 불평등을 의식했다. 그녀는 정의감이 영혼에 각인된 채로 태어난 여자였다.

카멀라는 어머니의 가르침을 바탕으로 학업에 열중했다. 그녀는 정치학과 경제학을 전공하며 학문적으로도 뛰어난 성과를 거두었고, 대학 시절에도 다양한 사회운동에 참여했다. 카멀라는 어머니가 보여준 강인함과 지혜를 본받아 사회 정의와 평등을 위한 활동을 지속적으로 이어갔다.

08
어린 시절의 통합 교육 경험

카멀라 해리스는 유치원을 마치고 1학년이 되던 해, 캘리포니아주 버클리에 있는 사우전드 오크스 초등학교(Thousand Oaks Elementary School)로 통학하기 시작했다. 당시 이 학교는 통합 교육(integration)의 두 번째 해를 맞이하고 있었다. 해리스는 주로 흑인이 거주하는 중하층 지역에서 백인이 주로 거주하는 부유한 지역에 위치한 학교로 매일 버스를 타고 이동했다.

통합 교육은 주로 인종적으로 분리된 학교들을 하나의 교육 시스템으로 통합하려는 시도였다. 이러한 통합 교육은 1954년 미국 대법원의 브라운 대 교육위원회(Brown v. Board of Education) 판결 이후 본격화되었다. 이 판결은 "분리되었으나 평등하다(Separate but equal)"라는 기존의 법리를 뒤집고, 공립학교에서 인종 분리를 위헌으로 규정했다.

통합 교육의 주요 목적은 인종적, 사회경제적 차이에 따른 교육 격차를 줄이고, 모든 학생들에게 평등한 교육 기회를 제공하는 것이었다. 이것은 인종 간의 이해와 화합을 촉진하고, 다양한 배경을 가진 학생들이 함께 학습함으로써 더 포용적이고 공정한 사회를 만드는 데 기여하려는 노력이기도 했다.

카멀라 해리스가 초등학교에 다니던 시기, 버스 통학 정책은 통합 교육을 실현하기 위한 중요한 수단 중 하나였다. 흑인과 백인이 주로 거주하는 지역 간의 교육 기회를 평등하게 제공하기 위해, 학생들을 서로 다른 지역의 학교로 버스로 이동시키는 방식이 채택되었다. 카멀라는 주로 흑인이 거주하는 중하층 지역에서 백인이 주로 거주하는 부유한 지역에 위치한 사우전드 오크스 초등학교로 매일 버스를 타고 통학했다.

통합 교육 정책은 많은 도전에 직면했다. 일부 지역사회에서는 강한 반발이 있었고, 버스 통학 정책은 특히 논란이 많았다. 그러나 이러한 노력을 통해 많은 학교가 점차 인종적으로 통합되었고, 다양한 학생들이 함께 교육을 받는 환경이 조성되었다.

카멀라 해리스의 경험은 이러한 통합 교육 정책의 일환으로, 그녀는 다양한 배경을 가진 학생들과 함께 학습하면서 인종적 다양성과 이해를 키워나갔다. 이러한 경험은 그녀의 정체성과 가치관 형성에 중요한 역할을 했으며, 훗날 그녀가 정치인으로서 공정성과 포용성을 중시하는 정책을 추진하는 데 큰 영향을 미쳤다.

사우전드 오크스 초등학교는 통합 교육의 일환으로 다양한 인종과 배경을 가진 학생들을 받아들이고 있었다. 이는 해리스에게 많은 도전과 기회를 제공했다. 처음에는 새로운 환경과 낯선 친구들 사이에서 적응하는 것이 쉽지 않았지만, 점차 해리스는 다양한 배경을 가진 친구들과의 관계를 통해 많은 것을 배우게 되었다.

하루는 학교에서 돌아온 카멀라가 어머니에게 말했다.

"오늘 학교에서 새로운 친구와 함께 점심을 먹었어요. 그녀는 나와 다른 문화에서 왔지만, 우리는 많은 공통점을 찾았어요."

그러자 샤말라는 미소 지으며 답했다.

"그렇구나, 카멀라. 사람은 성향은 다 다르지만, 그 속에서 공통점을 찾는 것이 중요해. 그런 경험들이 너를 더 강하고 지혜로운 사람으로 만들어줄 거야."

학교에서 해리스는 백인 친구들뿐만 아니라 다른 인종과 문화의 친구들과도 교류하며, 서로 다른 관점을 이해하고 존중하는 법을 배웠다. 그녀는 학교에서의 이러한 경험들이 이후 그녀의 가치관과 리더십 스타일에 큰 영향을 미쳤다고 회상한다.

09
어린 시절의 종교적 경험과 정체성

카멀라 해리스는 어릴 때부터 다양한 종교적 경험을 통해 자신의 정체성을 형성했다. 그녀는 흑인 침례교회(Black Baptist Church)와 힌두 사원(Hindu Temple)을 두루 섭렵하며 남아시아와 흑인 정체성을 포용했다. 그것은 어머니 샤말라가 두 딸을 자신감 있고 자랑스러운 흑인 여성으로 키우기 위해 깔아둔 포석 때문이었다.

카멀라가 여덟 살이 되던 해, 그녀는 어머니와 함께 매주 일요일마다 지역 침례교회를 방문했다. 그 교회는 흑인 공동체의 중심지였으며, 사람들은 예배를 통해 서로를 지지하고 격려했다. 카멀라는 교회에서 합창단에 참여하며 노래를 부르고, 성경 이야기를 배우며 신앙을 키웠다.

하루는 교회에서 성경 읽기 대회가 열렸다. 카멀라는 어머니의 격려로 대회에 참여하기로 결심했다. 그녀는 창세기 1장을 선택하여 암송하기 시작했다. 어머니 샤말라는 카멀라의 연습을 돕기 위해 매일 저녁 그녀와 함께 성경을 읽고, 발음을 교정해주며, 자신감을 북돋아 주었다.

대회 날, 카멀라는 긴장된 마음으로 무대에 올랐다. 그녀는 청중 앞에서 차분하게 성경 구절을 읽기 시작했다.

"태초에 하나님이 천지를 창조하시니라…"

카멀라는 성경 구절을 정확하고 힘차게 낭독하며, 어머니의 눈부신 미소를 보았다. 그녀는 성경 읽기 대회에서 1등을 차지하며 큰 박수를 받았다. 이 경험은 카멀라에게 자신감을 심어주었고, 그녀의 흑인 정체성과 신앙을 더욱 강화시켰다.

카멀라 해리스는 또한 어머니와 함께 힌두 사원을 방문했다. 힌두 사원은 그녀에게 남아시아 문화와 종교를 배울 수 있는 중요한 장소였다. 샤말라는 딸들에게 힌두교의 전통과 관습을 가르치며, 그들의 남아시아 유산을 자랑스럽게 여기도록 했다.

샤말라 고팔란은 두 딸에게 다양한 문화적 배경을 이해하고 존중하는 법을 가르쳤다. 그녀는 카멀라와 마야에게 "우리는 두 개의 강력한 유산을 가지고 있다. 흑인과 남아시아, 이 두 가지를 모두 자랑스럽게 여겨야 한다."라고 말하곤 했다. 이러한 가르침은 카멀라가 자신의 정체성을 자랑스럽게 여기고, 강한 여성으로 성장하는 데 큰 영향을 미쳤다.

10
인도 방문과 외조부모의 영향

카멀라 해리스가 열 살이 되던 해, 어머니 샤말라는 두 딸과 함께 인도를 방문했다. 그들은 체나이에 있는 외할아버지의 집에 머물렀다. 이 방문은 카멀라에게 매우 중요한 경험이었으며, 그녀의 인생에 깊은 영향을 미쳤다.

어느 날 오후, 외할아버지 P.V. 고팔란은 카멀라를 데리고 체나이 근교의 공원을 산책했다. 그들은 나무 그늘 아래 벤치에 앉아 인도의 역사와 독립운동에 대해 이야기를 나누었다. 외할아버지는 카멀라에게 자신이 인도의 독립운동에 참여한 이야기와 그 과정에서 겪은 어려움들을 들려주었다.

"카멀라야, 우리가 인도의 독립을 위해 싸웠을 때 많은 어려움이 있었다. 하지만 우리는 결코 포기하지 않았지. 왜냐하면 우리는 자유와 정의를 위해 싸웠기 때문이야."

카멀라는 외할아버지의 말을 경청하며, 그가 겪은 고난과 투쟁에 대해 깊은 존경심을 느꼈다. 그녀는 할아버지의 이야기를 통해 정의와 자유의 중요성을 깨닫게 되었다.

카멀라의 외할머니는 지역사회에서 산아제한 교육을 전파하는 활동을 했다. 그녀는 주로 농촌 지역을 다니며 빈곤층 여성들에게 산아제한과 건강관리의 중요성을 가르쳤다. 그녀의 활동은 카멀라에게 큰 영감을 주었고, 사회적 책임과 여성 권리의 중요성을 깨닫게 했다.

어느 날, 외할머니는 카멀라를 데리고 마을 방문을 갔다. 그들은 작은 마을의 커뮤니티 센터에서 여성들과 모임을 가졌다. 외할머니는 여성들에게 산아제한과 관련된 교육을 진행하며, 그들의 질문에 답했다. 카멀라는 그 모습을 지켜보며 외할머니의 열정과 헌신에 깊은 감명을 받았다.

외할머니가 강의를 마친 후, 카멀라가 물었다.

"외할머니, 왜 이런 일을 하세요?"

외할머니는 미소 지으며 대답했다.

"카멀라야, 여성들이 자신의 몸과 건강을 돌볼 수 있어야 진정한 자유를 얻을 수 있단다. 나는 그들에게 그 자유를 줄 수 있도록 돕고 싶어."

이 경험은 카멀라에게 사회적 책임과 여성 권리의 중요성을 다시 한번 깨닫게 해주었다. 그녀는 외할머니의 헌신적인 활동을 통해 커뮤니티와 사회에 대한 봉사의 가치를 배웠다.

어린 카멀라 해리스는 인도 방문을 통해 많은 것을 얻었다. 외할아버지와 외할머니로부터 받은 영향이 그녀의 정치적 경력과 가치관에 큰 역할을 했다. 그녀는 외할아버지로부터 정의와 자유를 위해 싸우는 법을 배웠고, 외할머니로부터 사회적 책임과 여성 권리의 중요성을 배웠다.

카멀라는 이러한 가르침을 바탕으로 샌프란시스코 지방검찰청을 거쳐 캘리포니아 법무장관 겸 검찰총장, 연방 상원의원을 거쳐 미국 역사상 최초로 여성, 흑인, 아시아계 미국인 부통령이 되었다. 그녀는 형사사법개혁, 소비자 권리, 이민 문제 등 다양한 문제에 대해 강력히 목소리를 내며, 많은 사람들에게 영감을 주는 인물이 되었다.

카멀라 해리스의 이야기는 어린 시절의 경험과 가족의 가르침이 그녀의 가치관과 리더십에 어떻게 영향을 미쳤는지를 잘 보여준다. 그녀는 가족의 유산을 이어받아 강인한 여성으로 성장했고, 자신의 뿌리와 문화를 자랑스럽게 여기며, 사회에 긍정적인 변화를 만들어 내고 있다.

제2장
캐나다에서 보낸 시절

01 몬트리올로의 이주와 어머니의 연구 활동
02 몬트리올의 노트르담데네주 초등학교
03 몬트리올에서의 시위와 리더십
04 웨스트마운트 고등학교에서의 경험
05 흑인 역사에 대한 관심과 정체성 형성

01
몬트리올로의 이주와 어머니의 연구 활동

12살 때, 카멀라 해리스는 어머니와 함께 몬트리올로 이주했다. 그곳에서 그녀는 멀티컬처럴한 환경 속에서 자라며 인도인 유산과 아프리카계 미국인의 정체성을 동시에 존중하게 되었다. 이러한 이중 유산은 그녀의 정체성의 핵심이 되었고, 정치 경력에도 큰 영향을 미쳤다.

어머니는 몬트리올 맥길 대학교(McGill University) 교수직과 유대인 종합병원(Jewish General Hospital)에서 연구를 수행하는 특별한 기회를 제안받았다. 맥길 대학교는 캐나다에서 가장 권위 있는 연구 대학 중 하나로, 이곳에서 더욱 심도 있는 연구를 진행할 수 있는 기회를 얻었다.

하지만 카멀라에게는 신나는 기회는 아니었다. 그녀는 열두 살이었고, 학기 중반인 2월에 화창한 캘리포니아를 떠나 눈으로 덮인 프랑스어를 쓰는 외국 도시로 떠난다는 것이 두렵고 괴로웠다. 어머니 샤말라는 마치 북극의 겨울을 탐험하는 탐험가가 된 것처럼 딸들을 데리고 처음으로 다운 재킷과 장갑을 사러 가면서 기대에 들떠 있었지만 카멀라는 그렇게 생각하지 않았다.

몬트리올은 다문화적인 도시로, 다양한 인종과 문화가 공존하는 곳이었다. 샤말라는 두 딸이 새로운 환경에 잘 적응할 수 있도록 많은 노력을 기울였다.

　맥길 대학교에서 샤말라는 유방암 연구를 계속했다. 그녀의 연구는 유전자 변이와 호르몬 수용체가 유방암 발병에 미치는 영향을 밝히는 데 중점을 두었다. 샤말라는 여러 국제 학술지에 연구 논문을 발표하며, 유방암 연구 분야에서 중요한 기여를 했다. 샤말라는 유방암 발병에 중요한 역할을 하는 BRCA1과 BRCA2 유전자에 대한 연구를 진행했다. 그녀의 연구는 유방암의 유전적 요인을 이해하는 데 큰 도움을 주었으며, 유전성 유방암 진단과 예방에 중요한 기초 자료를 제공했다. 샤말라는 에스트로겐 수용체와 프로게스테론 수용체가 유방암 세포의 성장과 증식에 미치는 영향을 조사했다. 그녀의 연구는 호르몬 치료법 개발에도 중요한 기여를 했다.

　샤말라는 맥길 대학교에서 많은 학문적 네트워크를 구축하며, 다양한 연구자들과 협력했다. 그녀는 여러 연구 프로젝트에 참여하며, 유방암 연구의 발전을 위해 국제적인 협력을 이끌었다. 샤말라는 여러 국제 학회에 참석하며, 자신의 연구 결과를 발표하고 다른 연구자들과 지식을 교환했다. 이는 그녀의 연구 활동에 큰 자극이 되었으며, 최신 연구 동향을 파악하는 데 도움을 주었다.

02
몬트리올의 노트르담데네주 초등학교

한편, 카멀라와 마야는 몬트리올에서 새로운 학교에 다니며 새로운 환경에 적응해야 했다. 몬트리올로 이주한 후, 카멀라는 노트르담데네주 초등학교에 입학했다. 이 학교는 프랑스어를 사용하는 학교였기 때문에, 영어를 모국어로 사용하는 카멀라에게 언어 장벽이 큰 도전이었다.

카멀라는 학교에서 언어 장벽을 극복하기 위해 추가적인 프랑스어 수업을 듣고, 집에서도 어머니와 함께 프랑스어를 공부했다. 이러한 노력 덕분에 그녀는 프랑스어로 수업을 듣고 시험을 치를 수 있을 정도로 언어 능력을 향상시켰다. 이 과정에서 카멀라는 적응력과 문제 해결 능력을 크게 발전시켰다.

카멀라는 노트르담데네주 초등학교에서 뛰어난 학업 성적을 유지하며 다양한 교내 활동에 참여했다. 그녀는 학급 대표로 선출되어 리더십을 발휘했고, 학교의 다양한 클럽 활동에 참여하며 친구들을 사귀었다. 이러한 경험은 그녀의 사회적 적응 능력을 키우는 데 중요한 역할을 했다.

중학교 시절, 카멀라는 과학 프로젝트를 통해 자신의 학문적 열정을 발견하게 되었다. 그녀는 어머니 샤말라가 일하는 암 연구소에서 영감을 받아 암 세포와 관련된 실험을 하기로 결심했다. 어머니의 도움으로 연구소에서 필요한 자료와 도구를 빌릴 수 있었다.

카멀라는 암 세포의 성장과 억제에 관한 실험을 진행했다. 그녀는 다양한 환경에서 암 세포의 반응을 관찰하고, 그 결과를 분석했다. 이 과정에서 그녀는 과학적 방법론과 실험 기술을 배웠으며, 자신의 연구 결과를 정리하여 학교 과학박람회에 발표했다.

과학박람회 날, 카멀라는 긴장된 마음으로 자신의 프로젝트를 발표했다. 그녀는 암 세포의 성장 과정과 이를 억제하기 위한 방법을 설명하며, 청중들에게 깊은 인상을 남겼다. 그녀의 발표는 큰 호응을 얻었고, 카멀라는 그 경험을 통해 과학에 대한 흥미와 자신감을 키웠다.

03
몬트리올에서의 시위와 리더십

카멀라 해리스는 13세 때, 그녀의 여동생 마야와 함께 몬트리올에서 중요한 시위를 이끌었다. 그들은 아파트 건물 앞에서 시위를 했는데, 아이들이 잔디밭에서 놀지 못하게 하는 정책에 항의한 것이다. 이 사건은 카멀라의 리더십과 정의감을 잘 보여주는 중요한 경험이었다.

카멀라와 마야가 살고 있던 아파트 단지는 관리 규정상 아이들이 잔디밭에서 노는 것을 금지하고 있었다. 이 규정은 많은 가족들에게 큰 불편을 초래했으며, 특히 아이들에게는 놀이 공간이 없어지는 문제를 야기했다. 카멀라와 마야는 이 문제를 해결하기 위해 나서기로 결심했다.

카멀라는 친구들과 함께 모의를 하고 시위를 준비하기 시작했다. 그들은 각자의 역할을 분담하고, 피켓과 플래카드를 만들기 시작했다. 카멀라는 "아이들에게 놀이 공간을!"과 같은 구호를 적은 플래카드를 만들고, 친구들과 함께 연습했다. 마야는 작은 연설을 준비하며, 아이들에게 시위의 중요성과 목표를 설명했다.

시위 당일, 카멀라와 마야는 친구들과 함께 아파트 단지 앞에 모였다. 그들은 잔디밭에서 놀고 싶다는 마음을 담아 큰 소리로 구호를 외치며 시위를 시작했다.

"아이들에게 놀이 공간을(We deserve a place to play)!"

카멀라는 친구들과 함께 피켓을 들고, 단지 관리사무소 앞에서 평화롭게 시위를 벌였다. 주민들은 창문을 열고 이 모습을 지켜보았고, 일부는 아이들을 응원하며 격려의 말을 전했다.

관리사무소 직원들이 나와 아이들의 말을 들었지만, 처음에는 별다른 반응을 보이지 않았다. 그러나 아이들의 열정과 끈기 있는 시위는 주민들의 관심을 끌었고, 점점 더 많은 사람들이 이 문제에 대해 목소리를 내기 시작했다.

며칠 후, 관리사무소는 주민들의 요구를 수용하기로 결정했다. 아파트 단지의 잔디밭을 아이들이 놀 수 있는 공간으로 개방하기로 한 것이다. 카멀라와 마야의 시위 덕분에 이루어진 중요한 변화였다.

카멀라는 이 경험을 통해 작은 행동이 큰 변화를 가져올 수 있음을 깨달았다. 그녀는 정의를 위해 싸우는 것이 얼마나 중요한지, 그리고 사람들이 단결할 때 어떤 성과를 이룰 수 있는지를 직접 체험했던 것이다.

그것은 어머니 샤말라가 두 딸에게 항상 불의에 맞서 싸우고, 자신의 목소리를 내는 법을 가르친 덕분이었다. 그녀는 카멀라와 마야에게 "정의를 위해 싸우는 것은 언제나 옳다. 네가 믿는 바를 위해 목소리를 내라"라고 자주 말했다. 이러한 어머니의 가르침은 카멀라가 어린 시절부터 리더십과 정의감을 키우는 데 큰 영향을 미쳤다.

04
웨스트마운트 고등학교에서의 경험

노트르담데네주 초등학교를 졸업한 카멀라는 웨스트마운트 고등학교로 진학했다. 웨스트마운트 고등학교는 몬트리올의 명문 고등학교 중 하나로, 다양한 인종과 문화적 배경을 가진 학생들이 모이는 학교였다. 이 학교에서의 경험은 카멀라에게 다문화 환경에서의 사회적 기술과 리더십을 키우는 기회를 제공했다.

카멀라는 학교에서 여러 인종과 문화의 친구들을 사귀며, 다문화 환경에서의 소통 능력을 키웠다. 웨스트마운트 고등학교에서 카멀라는 인종적 편견과 차별을 경험하기도 했다. 그녀는 학교 내에서 소수 인종으로서의 어려움을 겪으며, 이러한 문제에 대해 깊이 인식하게 되었다. 그러나 이러한 경험은 그녀를 더욱 강하게 만들었고, 인종적 평등과 사회 정의에 대한 열정을 키우는 계기가 되었다. 인종적 편견과 차별을 경험하면서도 그녀는 자신의 정체성을 잃지 않고 오히려 그것을 자랑스럽게 여겼다.

카멀라는 학교에서 인종적 편견에 맞서 싸우며, 자신과 다른 소수 인종 학생들을 대변하는 목소리를 냈다. 그녀는 학생회에서 중요한 역할을 맡아 인종적 평등과 다양한 문화적 배경을 존중하는 학교 환경을 만들기 위해 노력했다. 이러한 경험은 그녀의 리더십과 사회적 책임감을 키우는 데 큰 영향을 미쳤다.

카멀라 해리스가 고등학교 2학년 때, 학생회는 지역사회를 돕기 위한 자선행사를 기획했다. 그녀는 행사 준비 위원회에서 주도적인 역할을 맡아, 다양한 기부 프로그램과 자선활동을 조직했다. 그녀는 지역 기업들과 협력하여 기부금을 모으고, 학생들과 함께 자선 바자회를 열어 필요한 자금을 마련했다.

행사 당일, 카멀라는 학생들과 함께 열심히 준비한 물품들을 판매하고, 다양한 공연과 활동을 통해 사람들의 관심을 끌었다. 그녀의 리더십과 열정 덕분에 행사는 성공적으로 마무리되었고, 많은 기부금이 모였다. 이 기부금은 지역사회의 소외된 이웃들을 돕는 데 사용되었다.

샤말라 고팔란은 두 딸에게 학문적 열정과 사회적 책임감을 심어주기 위해 끊임없이 노력했다. 그녀는 카멀라와 마야에게 "너희는 무엇이든 할 수 있어. 세상에 긍정적인 변화를 가져오는 사람이 되어야 한다."라고 자주 말하곤 했다. 이러한 어머니의 가르침은 카멀라가 학업에 열중하고, 리더십을 발휘하며 성장하는 데 큰 영향을 미쳤다.

카멀라는 웨스트마운트 고등학교에서 뛰어난 학업 성적을 유지하며, 다양한 클럽 활동과 학생회에 참여했다. 그녀는 학문적 열정과 리더십을 발휘하며, 학교 내에서 중요한 역할을 맡았다. 특히 과학과 수학 분야에서 뛰어난 성적을 거두었으며, 이러한 성취는 그녀가 이후 하워드 대학교에 입학하는 데 큰 도움이 되었다.

카멀라 해리스의 웨스트마운트 고등학교 졸업식은 그녀의 인생에서 중요한 순간이자, 부모님과의 복잡한 관계를 상징적으로 나타낸 사건이었다.

카멀라는 부모님이 서로 연락을 하지 않으신다는 것을 알면서도 두 분을 고등학교 졸업식에 초대했다. 그녀는 두 분 모두 자신을 위해 함께 해주시길 바랐다. 이 초대는 그녀에게 큰 의미를 가지고 있었다. 부모님의 이혼 후, 카멀라는 어머니 샤말라와 함께 살았지만, 아버지 도널드와도 꾸준히 연락을 이어갔다. 이 초대는 부모님과의 관계를 유지하려는 카멀라의 노력의 일환이었다.

졸업식 날 아침, 카멀라는 몬트리올의 서늘한 공기를 마시며 졸업식장으로 향했다. 마음속에는 기대와 긴장감이 교차했다. 부모님 두 분이 함께하는 자리에 서게 될 것을 생각하니 복잡한 감정이 몰려왔다.

강당은 졸업식에 참석한 학생들과 가족들로 가득 찼다. 무대 위에는 교장 선생님과 교사들이 졸업식 준비를 하고 있었고, 학생들은 졸업 가운을 입고 차례로 무대 위로 올라가 호명되기를 기다리고 있었다. 카멀라는 무대 뒤에서 차례를 기다리며 두근거리는 마음을 진정시키려 애썼다.

카멀라는 강당의 첫 두 줄에 앉아 청중을 바라보던 순간을 잊지 못한다. 그녀는 문쪽에서 어머니 샤말라와 아버지 도널드가 각각 들어오는 모습을 보았다. 부모님은 서로를 보지 못하고 각각 반대 방향으로 자리를 잡았다. 샤말라는 조용히 자리에 앉아 딸을 응시했고, 도널드는 긴장된 얼굴로 딸을 바라보았다.

도널드는 오랜만에 딸을 보기 위해 미국에서 먼 길을 달려왔다. 그는 딸이 자신의 꿈을 향해 한 걸음 더 나아가는 모습을 지켜보며 감동을 느꼈다.

졸업식의 하이라이트는 카멀라의 연설이었다. 그녀는 졸업생 대표로서 연단에 올라, 그동안의 학업 여정을 돌아보고 앞으로의 꿈과 목표에 대해 이야기했다. 연설을 하는 동안 카멀라는 부모님이 지켜보고 있다는 것을 느꼈다. 그녀는 두 분이 자리를 함께 해주신 것만으로도 큰 힘이 되었고, 감사의 마음을 담아 연설을 마쳤다.

졸업식이 끝난 후, 카멀라는 부모님과 함께 사진을 찍으며 시간을 보냈다. 두 분은 서로 대화를 나누지 않았지만, 딸을 축하하는 마음은 같았다. 카멀라는 부모님이 함께 있는 모습을 보며, 비록 이혼 후에도 자신을 위한 사랑과 지지가 여전히 존재한다는 것을 느꼈다.

그녀는 부모님의 사랑과 지지를 바탕으로, 앞으로의 학업과 경력에 더욱 매진하기로 결심했다. 몬트리올의 노트르담데네주 초등학교와 웨스트마운트 고등학교에서의 경험은 카멀라 해리스의 성장 과정에서 중요한 전환점이 되었다.

05
흑인 역사에 대한 관심과 정체성 형성

카멜라 해리스는 어린 시절부터 흑인 역사에 대한 깊은 관심을 가지고 성장했다. 그녀의 정체성 형성에는 가족, 교육 그리고 다양한 사회적 경험들이 중요한 역할을 했다.

아버지 도널드 해리스는 흑인으로서 자메이카와 미국에서의 인종적 불평등을 깊이 이해하고 있었다. 그는 딸들에게 흑인 역사와 문화를 존중하고, 자신의 뿌리를 잊지 말라고 가르쳤다.

흑인 아버지를 둔 그녀는 흑인 역사에 대한 학습을 통해 자신의 정체성을 확립하고, 흑인 사회에 대한 이해를 깊이 있게 발전시켰다.

카멜라는 아프리카계 미국인의 역사를 공부하며, 노예 제도, 시민권 운동 그리고 현대의 인종차별 문제에 대해 깊이 있게 이해하게 되었다. 그녀는 흑인 역사에 대한 이해를 바탕으로, 사회적 정의와 공정성을 추구하는 정치적 입장을 확립했다.

카멜라는 소저너 트루스(Sojourner Truth), 해리엇 터브먼(Harriet Tubman), 로자 팍스(Rosa Parks) 등 흑인 여성 지도자들의 이야기를 통해 영감을 받았다. 그녀는 이들의 용기와 리더십을 본받아 자신의 정치적 경력에서도 이러한 가치를 실현하고자 했다.

1797년 뉴욕에서 노예로 태어난 소저너 트루스는 1826년에 탈출하여 자유를 찾았고, 이후 흑인 여성 해방 운동가와 여성 참정권

운동가로 활동했다. 트루스는 1851년에 열린 오하이오 여성권리대회에서 "나는 여자가 아니란 말인가(Ain't I a Woman)?"라는 연설을 통해 여성과 흑인 인권의 중요성을 역설했는데 카멜라 해리스는 소저너 트루스의 용기와 결단력에서 깊은 영감을 받았다. 트루스의 연설은 카멜라에게 흑인 여성의 권리와 존엄성을 옹호하는 데 중요한 지침이 되었다.

1822년 메릴랜드주에서 노예로 태어난 해리엇 터브먼은 1849년에 탈출하여 자유를 찾았고, 이후 노예 해방 운동가로서 지하철도(Underground Railroad)를 통해 약 70명의 노예를 북부로 탈출시키는 데 성공했다. 터브먼은 또한 남북전쟁 동안 북군을 위해 간호사, 정찰병, 첩보원으로 활동했는데 카멜라 해리스는 해리엇 터브먼의 용기와 희생정신에서 큰 영감을 받았다. 카멜라는 터브먼의 리더십을 본받아, 형사사법개혁과 사회정의를 위한 다양한 정책을 추진했다.

1913년 앨라배마주에서 태어난 로자 팍스는 1955년 몽고메리 버스 보이콧 운동을 촉발시킨 사건으로 유명하다. 팍스는 백인 승객에게 자리를 양보하지 않았고, 이로 인해 체포되었으나 그녀의 행동은 미국 전역에서 인종 차별에 대한 항의와 시민권 운동을 일으켰다 .

팍스의 저항 정신은 카멜라에게 불의에 맞서 싸우고, 변화와 진보를 위한 목소리를 내는 데 중요한 영감을 주었다. 훗날 카멜라 해리스는 자신의 정치적 경력에서 흑인 역사와 정체성을 적극 반영했다.

그녀는 흑인 역사에 대한 이해와 관심을 바탕으로 다양한 사회적 문제를 해결하기 위한 정책을 추진했다. 카멜라 해리스의 흑인 역사에 대한 관심과 정체성 형성은 그녀의 정치적 경력과 사회적 활동에 큰 영향을 미쳤다. 가족의 영향, 교육과 사회적 경험, 그리고 흑인 역사에 대한 학습을 통해 자신의 정체성을 확립하고, 흑인 커뮤니티를 위한 다양한 정책을 추진했다. 그녀의 이야기는 흑인 역사와 정체성이 어떻게 개인의 삶과 정치적 경력에 깊이 스며들어 있는지를 보여주는 중요한 사례다.

제3장
하워드 대학교에서의 시간

01 흑인 대학 하워드 대학교 입학

02 알파 카파 알파 소로리티

03 다채로운 사회 체험

04 정치학과 경제학을 전공하며 흑인 학생회 활동

01

흑인 대학 하워드 대학교 입학

고등학교를 졸업한 후, 카멀라 해리스는 워싱턴 D.C.에 위치한 흑인 대학인 하워드 대학교(Howard University)에 진학했다. 카멀라는 대학 진학을 준비하면서 다양한 대학을 고려했다. 그녀가 하워드 대학교를 선택한 이유는 단순히 학문적 성취를 위한 장소가 아니라, 흑인 역사와 문화에 깊이 뿌리박힌 기관으로서의 의미를 가지고 있었다.

하워드 대학교는 1867년에 설립된 미국의 유서 깊은 사립대학으로, 미국 내 흑인 커뮤니티의 중요한 교육기관으로 자리매김했다. 하워드 대학교는 흑인 역사의 중요한 순간마다 중추적인 역할을 해왔으며, 많은 졸업생들이 사회 각 분야에서 활약하고 있다.

카멀라는 하워드 대학교가 얼마나 멋진 곳인지 여러 사람을 통해서 들었다. 하워드는 남북전쟁이 끝난 지 2년 후 설립된 이래로 특별한 유산을 가진 학교이다. 이 학교는 흑인 학생에게 고등교육의 문이 거의 닫혀 있던 시절에도 버텨냈다. 분리와 차별이 미국이란 나라의 법이었을 때도 견뎌냈다.

카멀라는 1982년에 하워드 대학교에 입학했다. 그녀는 신입생 오리엔테이션을 위해 크램튼 오디토리움에 들어갔던 기억이 늘 생생하다. 강의실은 꽉 차 있었고 그녀는 뒤쪽에 서서 주위를 둘러보며

'여기가 천국이다'고 생각했었다. 거기에는 수백 명의 사람들이 있었는데 모두 자신과 같이 생긴 사람들이었다.

그녀는 정치학과 경제학을 전공하며, 흑인 학생회 활동에 적극적으로 참여했다. 그녀는 흑인 커뮤니티의 역사와 문화를 깊이 이해하게 되었고, 자신의 정치적 신념을 강화할 수 있는 기회를 가졌다. 학생회 활동에도 적극적으로 참여하며 리더십을 발휘했고, 다양한 정치적 토론과 활동을 통해 자신의 견해를 넓혀갔다.

1학년 때 첫 선출직인 인문대 학생회 신입생 대표에 출마했다. 그것이 그녀의 첫 선거였다. 그녀는 경제학 학회 의장을 맡았고 토론팀에서 열띤 토론과 경쟁을 했다.

하워드 대학교는 카멀라의 인생에게 중요한 전환점이 되었다. 하워드 대학교에서의 시간은 그녀에게 학문적 도전과 성장의 기회였을 뿐만 아니라, 정치적 신념과 리더십을 강화하는 중요한 시기였다. 카멀라 해리스는 하워드 대학교에서 학생회에 참여하여 다양한 정치적 활동을 주도했다. 그녀는 학생회 대표로 선출되어 학교 행사와 프로그램을 기획하고 운영하는 데 중요한 역할을 했다. 그녀는 캠퍼스 내 다양한 문제를 해결하고, 학생들의 목소리를 대변하는 데 힘썼다.

02
알파 카파 알파 소로리티

카멀라 해리스는 알파 카파 알파 소로리티(Alpha Kappa Alpha Sorority, Inc.)에 가입하여 다양한 사회적 활동에 참여했다. 이 소로리티는 1908년에 설립된 미국 최초의 흑인 여성조직으로 역사적으로 흑인 여성들이 사회적, 학문적 성장을 도모하는 데 큰 역할을 해왔다. 카멀라는 이 소로리티에서 다양한 봉사 활동과 리더십 훈련을 받으며, 자신의 사회적 책임감을 더욱 강화했다.

어느 날 카멀라는 학교 내 주거 환경 개선을 위한 캠페인을 시작했다. 그녀는 기숙사 시설이 낙후되어 많은 학생들이 불편을 겪고 있다는 사실을 알게 되었고, 이를 해결하기 위해 학생회와 협력하기로 결심했다. 해리스는 친구들과 함께 설문조사를 실시하고, 학생들의 의견을 수렴하여 기숙사 개선 요구를 담은 보고서를 작성했다.

이 보고서를 바탕으로 해리스는 학교 당국과의 면담을 주도했다. 그녀는 학생들의 요구를 강력히 주장하며, 기숙사 개선을 위한 구체적인 계획을 제시했다. 해리스의 노력 덕분에 학교 당국은 기숙사 시설 개선을 약속했고, 곧바로 개보수 작업이 시작되었다. 이 경험은 해리스에게 리더십과 협상의 중요성을 일깨워주었고, 그녀가 정치적 경력을 쌓아가는 데 중요한 밑거름이 되었다.

카멀라는 소로리티 회원들과 함께 지역사회 봉사 활동을 주도했다. 그중 하나가 저소득층 가정을 위한 무료 식사 제공 프로그램이었다. 카멀라와 소로리티 회원들은 지역사회의 빈곤층 가정을 돕기 위해 매주 주말마다 무료 식사를 제공하는 행사를 열었다. 그녀는 이 프로그램의 기획과 운영을 맡아, 음식 재료를 구입하고, 요리 팀을 조직하며, 지역사회와의 협력을 통해 많은 사람들에게 도움을 줄 수 있었다. 그녀는 이 활동을 통해 사회적 책임과 봉사의 중요성을 다시 한번 깨달았다.

카멀라는 다양한 정치적 토론과 세미나에 참여하며, 흑인 커뮤니티가 직면한 문제에 대한 다양한 관점을 이해했다. 이러한 경험은 그녀의 정치적 인식을 확장하고, 정책적 접근을 구체화하는 데 큰 도움이 되었다.

카멀라는 하워드 대학교에서 인권활동에 적극적으로 참여했다. 그녀는 인권 문제에 대한 인식을 높이고, 이를 해결하기 위한 다양한 활동을 펼쳤다. 이러한 경험은 그녀의 정치적 비전과 목표를 구체화하는 데 중요한 역할을 했다.

03
다채로운 사회 체험

하워드에서 공부하는 동안 카멀라는 여러 가지 아르바이트도 했다. 그녀는 연방거래위원회에서 인턴으로 일했는데, 조간신문을 모두 훑어보고 기관에 관한 기사를 오려서 종이에 붙여 복사하고, 고위 직원들에게 배포하는 '클립' 업무를 담당했다. 또 국립문서보관소에서 투어 가이드로 일을 하기도 했다. 그녀와 동료 투어 가이드들은 모두 무전기와 ID를 받았는데, 비밀경호국 요원처럼 느껴지는 그녀의 코드명인 'TG-10'이었다.

2학년 여름, 카멀라는 캘리포니아의 앨런 크랜스턴 상원의원 밑에서 인턴십을 하게 되었다. 그것이 30년 후 그녀가 같은 상원의원으로 선출될 것을 알려주는 신호탄이었을까?

카멀라는 그해 여름, 매일 국회의사당에 출근하는 것을 좋아했다. 그곳이 변화의 진원지처럼 느껴졌다. 자신은 비록 우편물을 분류하는 인턴이었지만 그 변화의 일부가 된 것 같아 기뻤다. 하지만 카멀라는 길 건너편에 있는 대법원 건물에 더욱 매료되었다. 대법원 건물의 웅장함에 경외감을 느끼며 입구에 대리석으로 새겨진 글귀를 읽기 위해 길을 건너곤 했다. '법 앞에 평등한 정의(Equal Justice Law)', 카멀라는 그런 세상을 상상했다.

04
정치학과 경제학을 전공하며 흑인 학생회 활동

카멀라는 하워드 대학교에서 정치학과 경제학을 전공했다. 그녀는 이 두 학문을 통해 사회 구조와 경제 시스템을 깊이 이해하고, 이를 통해 사회적 정의와 평등을 실현하는 방법을 모색했다. 정치학과 경제학 수업을 통해 그녀는 다양한 이론과 사례를 학습하며, 비판적 사고와 문제 해결 능력을 키웠다.

정치학 수업에서 카멀라는 미국 정치 시스템, 국제관계, 정치이론 등을 학습했다. 그녀는 특히 인종적 평등과 사회 정의를 다루는 수업에 큰 관심을 가졌다. 이러한 수업들은 그녀에게 사회적 문제를 해결하기 위한 정책적 접근 방식을 이해하는 데 큰 도움이 되었다.

경제학 수업에서는 경제원리, 미시경제학, 거시경제학, 경제정책 등을 공부했다. 카멀라는 경제적 불평등과 빈곤 문제를 해결하기 위한 정책을 모색하는 데 큰 관심을 가졌다. 그녀는 경제학 연구를 통해 사회적 문제를 구조적으로 이해하고, 이를 해결하기 위한 방안을 제시할 수 있었다.

또한, 흑인 학생회 활동을 통해 흑인 역사와 문화에 대한 깊은 이해를 발전시켰다. 그녀는 다양한 워크숍과 세미나에 참여하며, 흑인 역사의 중요한 인물들과 사건들에 대해 학습했다. 이러한 활동은 그녀의 정체성과 자부심을 강화하는 데 큰 역할을 했다.

카멜라는 하워드 대학교에서 사회적 정의와 인권 운동에 대한 열정을 키웠다. 그녀는 학생회에서 인종적 평등과 사회적 정의를 위한 다양한 활동을 주도하며, 캠퍼스 내외에서 영향력을 발휘했다.

그리고 정치학과 경제학 교수들과의 긴밀한 관계를 통해 학문적 조언과 멘토링을 받았다. 이러한 멘토링은 그녀의 학문적 성취와 정치적 인식 성장에 큰 도움이 되었다.

하워드 대학교에서의 경험은 카멜라 해리스의 삶과 경력에 깊은 영향을 미쳤다. 그녀는 이곳에서 학문적 도전과 성장의 기회를 얻었을 뿐만 아니라, 정치적 신념과 리더십을 강화하는 중요한 시기를 보냈다. 이러한 경험은 정치적 경력과 사회적 책임감 형성에 큰 영향을 미쳤으며, 그녀가 오늘날의 위치에 오르게 한 중요한 기초가 되었다.

카멜라 해리스의 하워드 대학교 입학과 알파 카파 알파 소로리티 활동은 그녀의 정치적 경력과 정체성 형성에 중요한 영향을 미쳤다. 하워드 대학교에서의 학문적 성취와 다양한 사회적 경험은 그녀의 정치적 비전과 목표를 구체화하는 데 큰 도움이 되었다. 알파 카파 알파 소로리티에서의 리더십 경험과 사회봉사 활동은 그녀의 사회적 책임감을 강화하고, 흑인 커뮤니티에 기여하는 중요한 역할을 했다.

이러한 경험은 그녀가 사회 정의와 평등을 위해 싸우는 데 큰 영향을 미쳤으며, 그녀의 정치적 경력과 업적에 깊은 인상을 남겼고, 이는 그녀가 부통령 후보로 선택된 이유 중 하나이다.

조 바이든(Joe Biden)은 카멜라 해리스를 부통령 후보로 선택하면서 그녀의 강력한 리더십과 다양한 배경, 그리고 정의를 위한 끊임없는 투쟁을 이유로 들었다.

제4장
법학 공부와 첫 경력

01 헤이스팅스 법학대학원 입학

02 법조인으로서의 경력 시작

03 알라메다 카운티 검찰청에서의 경험

04 알라메다 카운티 지방검사실에서의 주요 사건과 성과

05 가족과 직업 선택의 갈등

06 어머니로부터 배운 교훈

01
헤이스팅스 법학대학원 입학

하워드를 졸업할 무렵, 카멀라 해리스는 사회 정의와 인권을 위한 법조인의 길을 걷기로 결심했다. 캘리포니아 대학교 헤이스팅스 법학대학원(UC Hastings College of the Law)은 그녀에게 그러한 기회를 제공할 수 있는 명문 학교였다.

하워드 졸업 후 카멀라는 오클랜드로 돌아와 UC 헤이스팅스 법학대학원에 입학했다. 새로운 환경에서의 경험은 그녀에게 많은 도전과 기회를 제공했다. UC 헤이스팅스는 엄격한 학문적 기준과 함께 다양한 실무 경험을 제공하는 것으로 유명했다. 카멀라는 법학 공부를 통해 법의 이론과 실제를 깊이 있게 이해하고자 했다.

첫 학기부터 강도 높은 학업과정에 직면했다. 그녀는 계약법, 형법, 민사소송법 등의 기본 과목을 이수하며, 법의 기본 원칙을 이해하고 이를 실제 상황에 적용하는 방법을 배웠다. UC 헤이스팅스의 교수진은 학생들에게 비판적 사고와 문제 해결 능력을 강조하며, 다양한 법적 문제에 대한 분석 능력을 키우도록 지도했다.

UC 헤이스팅스는 학생들에게 다양한 인턴십 기회를 제공하여 실제 법조계 경험을 쌓을 수 있도록 했다. 카멀라는 여러 법률 기관에서 인턴으로 일하며 실무 경험을 쌓았다. 이러한 경험은 그녀가 법을 통해 사회적 변화를 이끌 수 있는 방법을 배우는 데 큰 도움이 되었다.

카멀라는 샌프란시스코 지방검사실에서 인턴으로 일하며, 형사 사건의 수사와 기소 과정에 참여했다. 그녀는 이 경험을 통해 형사 사법시스템의 복잡성과 실제 운영 방식을 이해하게 되었다. 피해자와 피고인의 인권을 보호하면서 정의를 실현하는 검사의 역할에 대해 깊이 있게 배울 수 있었다.

카멀라는 UC 헤이스팅스에서 법의 다양한 분야를 탐구했다. 헌법학, 인권법, 국제법 등의 과목을 통해 법의 이론적 기초와 실제 적용 방식을 배우고, 사회적 문제를 법적으로 해결하는 방법을 모색했다.

헌법학과 인권법 수업은 카멀라에게 법의 기본 원칙과 개인의 권리를 보호하는 법적 체계를 이해하는 데 큰 도움이 되었다. 그녀는 헌법의 해석과 적용 방식을 배우며 인권 보호와 관련된 법적 쟁점을 깊이 있게 탐구했다.

국제법 수업에서는 국제 사회에서의 법적 규범과 그 적용 방식을 학습했다. 국제법을 통해 글로벌 차원에서의 사회적 정의와 인권 보호 문제를 이해하고, 이를 해결하기 위한 법적 방안을 모색했다.

카멀라는 로스쿨 2학년 때 흑인 법대생 협회(BLSA: Black Law Students Association)의 회장으로 선출되었다. BLSA는 미국 내 흑인 법대생들을 위한 조직으로, 이들의 학업, 직업, 사회적 필요를 충족시키기 위해 다양한 활동을 하는 단체이다. '시민권 운동' 시기에 설립된 BLSA는 법학도 및 법적 기관 내에서 다양성, 포용성 및 사회 정의를 증진하는 데 중요한 역할을 해왔다.

회장으로 선출된 후, 카멀라는 BLSA의 활동을 더욱 활성화하기 위해 노력했다. 그녀는 법학 학생회와 BLSA 활동을 통해 동료들과의 네트워킹을 강화했다. 이러한 활동은 그녀가 법조계 내에서 중요한 인맥을 형성하는 데 큰 도움이 되었다. 그녀는 먼저 회원들 간의 소통을 강화하기 위해 정기적인 모임을 개최하고, 온라인 커뮤니티를 운영했고, 회원들의 역량 강화를 위해 멘토링 프로그램을 도입하고, 법률 관련 세미나를 개최했다.

당시 헤이스팅스 법학대학원은 인종 차별이 여전히 존재하는 곳이었다. 카멀라는 이러한 문제를 해결하기 위해 BLSA 회원들과 함께 다양성 및 포용성 증진 캠페인을 전개했다. 학교 당국에 인종 차별 문제를 제기하고, 학생들의 인식 개선을 위해 교육 프로그램을 운영했다.

당시 흑인 학생들은 백인 학생들보다 취업에 더 어려움을 겪고 있었는데, 그녀는 이를 바꾸고 싶었다. 카멀라는 BLSA 회장으로서 모든 주요 로펌의 대표 파트너에게 전화를 걸어 호텔에서 주최하는 취업박람회에 참여해 달라고 요청했다. 이 요청은 카멀라가 미래의 리더로서 어떻게 성장했는지를 보여주는 중요한 사례다.

그녀는 흑인 학생들이 로펌들과의 연결고리를 강화하고, 더 많은 취업 기회를 얻을 수 있도록 만들었다. 주요 로펌의 대표 파트너들은 카멀라의 요청에 긍정적으로 반응했다. 이러한 노력을 통해 흑인 학생들의 취업 기회를 늘리는 데 성공했다. 그녀의 끈기와 열정이 흑인 학생들에게 큰 도움이 되었고, 취업 시장에서의 불평등을 조금씩 해소해 나갈 수 있게 되었다. 이 경험을 통해 카멀라는 미래에도 사회적 변화를 이끄는 리더로서의 역할을 수행할 자신감을 얻었다.

카멀라는 BLSA 회장으로서 자신의 경험을 바탕으로 인종 차별과 같은 사회적 문제를 해결하는 데 법률가의 역할이 중요하다는 것을 깨달았다. BLSA 회장 활동은 그녀의 법학 여정에서 중요한 전환점이 되었다. 그녀는 이 경험을 통해 법률가로서 사회적 책임을 인식하고, 인종 차별과 같은 사회적 문제를 해결하는 데 기여하는 법률가가 되기로 결심했다. 그녀의 BLSA 회장 활동은 그녀의 정치적 경력에도 큰 영향을 미쳤다.

UC 헤이스팅스에서의 시간은 그녀에게 학문적 도전과 성장의 기회를 제공했을 뿐만 아니라, 정치적 신념과 리더십을 강화하는 중요한 시기였다. 그녀는 UC 헤이스팅스에서 법의 이론과 실제를 깊이 있게 이해하고, 다양한 인맥을 형성하며, 사회적 정의를 위한 법적 접근 방식을 배웠다. 이러한 경험은 그녀의 정치적 경력과 사회적 책임감 형성에 큰 영향을 미쳤으며, 그녀가 오늘날의 위치에 오르게 한 중요한 기초가 되었다.

02
법조인으로서의 경력 시작

카멀라 해리스는 UC 헤이스팅스 법학대학원에서 뛰어난 학업 성취를 이루었고, 1989년에 법학박사 학위를 받았다. 카멀라는 변호사 시험에 합격한 후, 1990년 캘리포니아주 오클랜드의 알라메다 카운티 지방검찰청에 보조 검사로 합류했다.

알라메다 카운티 지방검사실은 다양한 범죄 사건을 다루는 중요한 법률 기관이다. 카멀라는 이곳에서 검사로서 첫 직장 생활을 시작하게 되었다. 그녀는 다양한 형사 사건을 담당하며, 법적 지식과 실무 경험을 쌓았다.

그녀는 주로 경범죄와 중범죄 사건을 담당하며, 범죄 수사와 기소 과정에 참여했다. 첫 사건을 맡게 된 카멀라는 긴장했지만, 그녀의 법적 지식과 결단력으로 사건을 성공적으로 해결할 수 있었다. 이러한 초기 경험은 그녀에게 큰 자신감을 심어주었다.

카멀라는 알라메다 카운티 지방검찰청에서 일하는 동안, 특히 어린이 성폭력 사건을 다루며 피해자들을 위한 정의 실현에 힘썼다.

어느 날 카멀라는 어린이 성폭력 피해자인 7세 소녀의 사건을 맡게 되었다. 이 사건은 해리스에게 매우 중요한 도전이었으며, 그녀의 직업윤리와 헌신을 시험하는 계기가 되었다.

소녀는 이웃 주민에게 지속적으로 성폭행을 당한 피해자였다. 사건은 부모의 신고로 시작되었고, 경찰 조사를 통해 가해자가 체포되었다. 그러나 피해자인 소녀는 사건으로 인해 극심한 트라우마를 겪고 있었으며, 법정에서 증언하는 것에 대한 두려움이 컸다.

카멀라는 소녀와 그녀의 가족을 지원하며, 소녀가 법정에서 안전하고 자신감 있게 증언할 수 있도록 돕기 위해 노력했다. 그녀는 심리 상담사와 협력하여 소녀가 트라우마를 극복하고 법정에서 자신의 이야기를 할 수 있도록 지원했다. 카멀라는 소녀와 여러 차례 만나 증언 연습을 하며, 법정에서 어떤 질문을 받을지, 어떻게 대답해야 할지 등을 설명했다. 그녀는 소녀에게 이렇게 말하며 격려했다. "너는 매우 용감해. 네가 이 이야기를 할 수 있는 것은 정말 중요한 일이야. 네가 겪은 일을 사람들이 알아야 해."

드디어 재판 날이 되었다. 카멀라 해리스는 피해자 소녀와 함께 법정에 섰다. 소녀는 두려움을 이겨내고, 해리스의 지지 속에서 자신감 있게 증언을 시작했다. 그녀의 증언은 사건의 중요한 증거가 되었고, 해리스는 이를 바탕으로 가해자를 강력히 기소했다.

카멀라는 법정에서 가해자의 변호사와 치열한 법정 공방을 벌였으며, 소녀의 증언을 바탕으로 가해자의 죄를 입증하기 위해 최선을 다했다. 그녀는 "어린 피해자의 목소리가 정의를 실현하는 데 매우 중요하다"고 강조하며, 재판부를 설득했다.

결국, 가해자는 유죄 판결을 받았다. 이 사건은 카멀라의 검사생활에 큰 의미가 있었으며, 그녀의 커리어에 중요한 전환점이 되었다. 카멀라는 "어린 피해자를 위한 정의를 실현하는 것은 내게 주어진 가장 중요한 임무 중 하나였다."고 회상했다.

03
알라메다 카운티 검찰청에서의 경험

카멀라는 알라메다 카운티 지방검찰청에서 수백 건의 마약 사건을 처리하면서, 대다수 사건대상이 단순 소지나 약물 중독 상태에 있는 사람들임을 알게 되었다. 이러한 사건들은 증명하기 쉬웠지만, 기소하기에는 비극적이었다. 카멀라는 이러한 문제를 해결하기 위해 예방과 치료에 중점을 둔 접근법이 필요하다고 주장했다.

미국은 200만 명 이상의 범죄자들이 주와 연방 교도소에 수감되어 있었다. 해리스는 이러한 대규모 투옥이 공중보건 문제를 범죄화한 결과임을 알았다. 특히, 마약 소지와 약물 중독 상태로 인해 많은 사람들이 체포되고 기소되었으며, 이는 주로 저소득층과 유색인종 커뮤니티에 큰 타격을 주었다.

카멀라는 공중보건 문제를 범죄화하는 현재의 시스템이 근본적인 문제를 해결하지 못하고, 오히려 문제를 악화시키고 있음을 알았다. 그녀는 마약 소지나 약물 중독 문제를 법적으로 처리하는 대신, 이러한 문제들이 왜 발생하는지에 대한 근본적인 원인을 파악하고 해결하는 것이 중요하다고 강조했다.

카멀라는 예방과 치료에 중점을 둔 접근법이 필요하다고 주장했다. 그녀는 마약 중독 문제를 단순히 범죄로 다루기보다는 이를 공중보건 문제로 접근하여 예방과 치료를 통해 해결해야 한다고 믿었다. 카멀라는 이러한 접근 방식을 통해, 범죄율을 낮추고 커뮤니티를 보호할 수 있다고 강조했다.

카멀라는 형사사법시스템의 개혁을 위해 다음과 같은 구체적인 방안을 제안했다.

1. 약물 치료 프로그램 확대 : 마약 중독자들이 치료를 받을 수 있도록 약물 치료 프로그램을 확대하고, 이를 통해 중독 문제를 해결한다.
2. 예방 교육 강화 : 청소년과 성인을 대상으로 한 예방 교육 프로그램을 강화하여, 마약 중독 문제를 사전에 예방할 수 있도록 한다.
3. 재활 프로그램 지원 : 수감자들이 재활 프로그램에 참여할 수 있도록 지원하고, 출소 후 사회에 성공적으로 재통합할 수 있도록 도왔다.
4. 형사사법시스템의 공정성 강화 : 마약 소지나 약물 중독과 관련된 법적 절차를 개선하여, 공정하고 투명한 법 집행이 이루어지도록 노력한다.

또한 그녀는 지역사회의 목소리를 듣고, 그들의 필요와 문제를 반영한 정책을 개발했다. 해리스는 커뮤니티와의 긴밀한 협력을 통해, 보다 효과적이고 지속 가능한 개혁을 이룰 수 있음을 강조했다.

04

알라메다 카운티 지방검사실에서의 주요 사건과 성과

카멀라 해리스는 알라메다 카운티 지방검사실에서 근무하는 동안 여러 주요 사건을 처리하며, 뛰어난 성과를 거두었다. 그녀는 여러 복잡한 사건을 성공적으로 해결하며, 법조인으로서의 명성을 쌓았다. 이러한 성과는 그녀가 이후 캘리포니아 법무장관과 미국 상원의원으로서의 경력을 이어가는 데 중요한 기초가 되었다.

카멀라는 형사 검사로서 다양한 범죄 사건을 처리하며, 법적 정의를 실현하기 위해 노력했다. 그녀는 범죄 수사, 증거 수집, 증인 심문, 피고인 기소 등의 과정을 담당하며, 법의 공정성을 유지하는 데 주력했다. 특히 성폭력, 가정 폭력, 그리고 약물 범죄와 같은 민감한 사건을 처리하면서 피해자의 권리를 보호하는 데 중점을 두었다. 그녀는 피해자들이 안전하게 법적 절차를 진행할 수 있도록 지원하며, 가해자들이 법의 심판을 받도록 노력했다.

카멀라는 법적 정의를 실현하는 데 열정을 가지고 있었고, 이를 위해 끊임없이 노력했다. 그녀의 뛰어난 법적 능력과 헌신은 동료와 상사들에게 깊은 인상을 남겼다.

카멀라가 알라메다 카운티 지방검사실에서 처리한 가장 주목할 만한 사건 중 하나는 지역 마피아 조직에 대한 대규모 단속이었다. 이 사건은 복잡한 조직범죄와 관련되어 있었으며, 여러 명의 용의자가 포함된 대규모 기소가 필요했다.

카멀라는 이 사건의 주임검사를 맡아 수사 초기부터 끝까지 철저히 파헤쳤다. 그녀는 지역 경찰과 협력하여 광범위한 수사를 지휘했으며, 용의자들의 범죄 활동을 입증할 수 있는 결정적인 증거를 수집했다. 카멀라는 조직범죄의 구조와 작동 방식을 깊이 이해하고 있었으며, 이를 바탕으로 효율적인 수사 전략을 수립했다.

카멀라와 그녀의 팀은 수개월에 걸쳐 용의자들의 통화기록, 금융 거래, 그리고 증인의 증언을 수집했다. 이 과정에서 여러 어려움이 있었지만, 끈기와 열정으로 팀을 이끌고 증인 보호 프로그램을 통해 중요한 증인들을 보호하며, 그들의 증언을 확보하는 데 성공했다.

카멀라는 조직의 운영 방식과 범죄 활동에 대해 상세히 알고 있는 마피아 조직의 내부자 증언을 통해 사건의 핵심적인 증거를 확보했다. 카멀라는 이 증인과 긴밀한 협력 관계를 구축하며, 그의 증언을 통해 용의자들의 유죄를 입증할 수 있는 중요한 정보를 얻었다.

카멀라는 법정에서의 전략도 철저히 준비했다. 그녀는 복잡한 증거들을 명확하게 설명하며, 배심원들이 사건의 본질을 이해할 수 있도록 했다. 카멀라는 증인들을 신중하게 심문하며, 그들의 증언이 일관되고 신뢰할 수 있음을 입증했다. 또한 상대측 변호사의 반박에 대비하여 철저히 준비하여 모든 가능한 반론을 사전에 검토했다.

법정에서의 그녀의 논리적이고 설득력 있는 주장은 배심원들에게 깊은 인상을 남겼다. 해리스는 사건의 중요성과 범죄의 심각성을 강조하며, 법적 정의가 실현되어야 한다는 점을 강력히 주장했다. 이러한 노력은 결국 결실을 맺어, 주요 용의자들이 모두 유죄 판결을 받았다. 이 사건은 해리스의 법적 능력과 리더십을 입증하는 중요한 순간이었다.

카멀라가 처리한 또 다른 중요한 사건은 대규모 마약 조직에 대한 단속이었다. 이 사건은 지역사회에 큰 영향을 미치는 마약 문제를 해결하기 위한 중요한 기회였다. 카멀라는 마약 밀매와 관련된 복잡한 네트워크를 추적하며, 주요 인물들을 체포하고 기소하는 데 성공했다.

카멀라와 그녀의 팀은 마약 조직의 운영 방식을 파악하기 위해 다양한 수사 기법을 활용했다. 그녀는 경찰과 협력하여 잠복 수사, 도청, 그리고 비밀 정보원을 통해 조직의 내부 정보를 수집했다. 이 과정에서 해리스는 높은 수준의 기밀 유지와 보안을 요구하며, 수사의 성공을 위해 최선을 다했다.

또한, 지역사회와 협력하여 마약 문제의 심각성을 알리고 주민들의 협조를 구했다. 그녀는 공공 안전을 위해 주민들과의 소통을 중요시하며, 그들의 협조를 통해 수사에 필요한 정보를 얻었다. 이를 통해 마약 조직의 주요 인물들을 체포하고, 그들의 범죄 활동을 입증할 수 있는 충분한 증거를 확보했다.

카멀라는 법정에서 마약 조직의 위험성과 그들이 지역사회에 미치는 영향을 강조하며, 강력한 기소 전략을 펼쳤다. 그녀는 증인들을 철저히 준비시켜 그들의 증언이 일관되고 신뢰할 수 있도록 했다. 또한, 조직의 금융 거래 기록을 통해 그들의 범죄 활동을 입증하고, 배심원들에게 조직의 운영 방식을 명확히 설명했다.

이 사건에서도 카멀라의 노력은 성공을 거두었다. 주요 용의자들은 모두 유죄 판결을 받았으며, 이는 지역사회에 큰 안도감을 주었다. 해리스는 이 사건을 통해 법적 정의를 실현하고, 지역사회의 안전을 지키는 데 중요한 기여를 했다.

카멀라는 법적 공정성을 유지하면서도, 혁신적인 접근 방식을 도입하여 사건을 처리했다. 그녀는 증거 기반의 수사와 공정한 재판을 통해 법의 신뢰를 유지하고자 했다. 또한, 범죄 예방과 재활프로그램을 통해 범죄 재발을 줄이고, 사회적 문제를 해결하는 데 기여했다. 카멀라는 사건 수사에서 증거 기반의 접근 방식을 중요시했다. 그녀는 철저한 증거 수집과 분석을 통해 사건을 해결하며, 공정한 재판을 통해 법의 신뢰를 유지하고자 했다. 이러한 접근 방식은 그녀가 법적 공정성을 실현하는 데 중요한 역할을 했다.

카멀라는 그녀의 법적 능력과 헌신으로 법조계에서 명성을 쌓았으며, 이는 그녀가 이후 샌프란시스코 지방검사장과 캘리포니아 검찰총장 겸 법무장관, 그리고 미국의 부통령으로 성장하는 데 중요한 기반이 되었다.

05
가족과 직업 선택의 갈등

　카멀라 해리스가 변호사 시험에 합격한 후, 검사 일을 시작했을 때 그녀의 가족은 그녀의 직업 선택에 회의적이었다. 검사가 종종 약자를 억압하는 역할을 한다고 생각했기 때문이다. 특히 어머니는 민권 운동에 헌신했던 과거의 경험 때문에 법 집행 기관에 대한 불신이 컸다. 그녀는 가족들이 가진 우려를 이해했지만, 자신의 직업에 대한 확신이 있었다.

　어느 날 저녁, 카멀라는 가족과 함께 저녁 식사를 하면서 자신의 결정을 설명했다.

　"나는 엄마와 마야의 걱정을 이해해요. 하지만 나는 검사로서 정의를 실현하고 부당한 시스템을 바꾸고 싶어요. 시스템 내부에서 변화를 이루는 것이 더 효과적일 거라고 생각해요."

　어머니는 잠시 생각에 잠겼고, 마야도 고개를 끄덕이며 카멀라의 말을 경청했다. 카멀라는 자신이 어떻게 변화를 만들고자 하는지, 그리고 피해자들을 어떻게 도울 계획인지 설명했다.

　"나는 성범죄 피해자들을 보호하고, 그들에게 정의를 실현해주고 싶어요. 검사로서 저는 그들이 안전하게 증언할 수 있도록 도울 수 있어요. 그리고 이를 통해 더 많은 사람들에게 정의가 실현될 수 있도록 할 거예요."

카멀라는 가족의 우려를 잠재우기 위해 자신이 맡은 첫 사건에 대한 이야기를 해주었다. 어린이 성폭력 피해자인 7세 소녀의 사건을 맡아서 승소한 이야기였다.

"나는 그 소녀에게 안전한 환경을 제공하고, 그녀가 자신의 이야기를 할 수 있도록 도왔어요. 이 경험을 통해 나는 제가 옳은 결정을 했다는 것을 확신하게 되었어요."

카멀라의 설명을 들은 샤말라는 딸의 결심과 헌신에 감명을 받았다. 그녀는 딸의 손을 잡고 말했다.

"네가 어떤 어려움 속에서도 정의를 실현하기 위해 싸우는 것을 보니 정말 자랑스럽구나. 너의 길을 계속 걸어가렴."

카멀라는 검사가 피해자를 대변하는 것이 아니라, 사회 전체를 대변한다는 사실을 강조했다. 그녀는 법정에서 "카멀라 해리스, 국민을 위해"라는 말을 하며, 범죄에 맞서 싸우는 것은 단지 피해자를 위한 것이 아니라 사회 전체를 위한 것임을 상기시켰다.

06
어머니로부터 배운 교훈

카멀라 해리스는 어머니로부터 중요한 교훈을 많이 배웠다. 그녀의 어머니는 과학자로서 해리스에게 문제를 체계적으로 분석하고 해결책을 찾는 법을 가르쳤다. 이러한 교훈은 해리스가 법률 경력에서 여러 문제를 해결하는 데 큰 도움이 되었다. 어머니는 딸에게 사회적 책임과 공공 서비스를 중요시하는 가치를 심어주었다. 카멀라는 이러한 가르침을 바탕으로 공정성과 정의를 실현하기 위해 끊임없이 노력했다.

어머니가 가장 좋아하셨던 말 중 하나는 "누구도 네가 누구인지 말하지 못하게 해야 해. 네가 누구인지 네가 말해야 해."라는 것이었다. 그래서 카멀라 그렇게 했다.

샤말라는 항상 두 딸에게 "어떤 일이 있어도 포기하지 말아라. 네가 원하는 것을 이룰 수 있도록 최선을 다해라."고 말하곤 했다.

카멀라는 그녀의 어머니에게 받은 교훈과 자신이 겪은 다양한 경험들을 통해 정의를 실현하고 더 나은 사회를 만들기 위해 노력하고 있음을 강조한다. 그녀는 어머니의 가르침을 바탕으로 강인한 여성으로 성장했고, 자신의 뿌리와 문화를 자랑스럽게 여기며, 사회 정의와 평등을 위한 중요한 역할을 수행하고 있다.

카멀라 해리스의 성공 뒤에는 어머니 샤말라의 강력한 영향력이 존재한다. 어머니로부터 배운 문제 해결과 체계적 분석 방법, 사회적 책임과 공공 서비스의 중요성, 그리고 공정성과 정의의 가치는 카멀라의 법률 경력 전반에 걸쳐 구현되었다. 카멀라는 어머니의 가르침을 바탕으로 법적 정의를 실현하기 위해 끊임없이 노력했으며, 이는 그녀의 경력과 삶에 큰 영향을 미쳤다.

제5장
검사로서의 경력

01 샌프란시스코 지방검사로 스카우트되다

02 각종 범죄와의 싸움 및 법적 개혁 추진

03 첫 정치적 도전

04 선거 승리와 그 후

05 삼진아웃법의 수정과 범죄 예방 프로그램 도입

06 카멀라 해리스의 논란이 된 결정

07 코카인 도난 사건과 그 후폭풍

08 카멀라 해리스의 무단결석 법안

09 카멀라 해리스와 개빈 뉴섬의 우정

10 어머니 샤말라 고팔란의 말년

01
샌프란시스코 지방검사로 스카우트되다

1998년, 카멀라 해리스는 알라메다 카운티 지방검찰청에서 9년간 근무한 후, 샌프란시스코 지방검찰청으로 스카우트됨으로써 그녀의 경력에 중요한 전환점을 맞이했다.

카멀라는 샌프란시스코 지방검사(District Attorney)로 임명된 이후, 각종 범죄와 싸우고 법적 개혁을 추진하는 데 앞장섰다. 그녀의 목표는 단순히 범죄를 줄이는 것에 그치지 않고, 형사사법시스템을 개혁하여 법의 공정성과 정의를 실현하는 것이었다. 이 시기는 그녀가 법률가로서, 나중에는 정치인으로서의 리더십을 발휘하는 중요한 단계였다.

카멀라는 폭력 및 연쇄 범죄자를 다루는 강력 범죄 부서를 맡았다. 그녀는 청소년 성매매 문제와 관련된 사건을 맡고, 이에 강력히 대응하며, 법 집행의 접근 방식을 근본적으로 변화시키는 데 중점을 두었다.

즉, 성매매에 연루된 소녀들이 대부분 강제적이거나 착취적인 상황에 처해 있음을 깨닫고, 이들을 범죄자로 취급하는 것이 아닌 구조와 보호의 대상으로 봐야 한다고 주장했다. 그러면서 청소년 성매매 피해자들을 보호하기 위한 프로그램을 도입했다. 이 프로그램은 피해자들이 안전하게 보호받을 수 있는 쉼터를 제공하고, 상담 및 재활프로그램을 통해 이들이 정상적인 생활로 복귀할 수 있도록 돕는 것이 목적이었다.

어느 날, 15세 소녀의 사건을 맡게 되었다. 이 소녀는 가정 폭력과 학대로 인해 가출한 후 거리에서 착취당하며 살다가 성매매 사건에 연루되었다. 경찰은 이 소녀를 체포했으나, 카멀라는 그녀를 범죄자가 아닌 피해자로 보아야 한다고 주장했다.

카멀라는 이 소녀를 보호프로그램에 등록시키고 안전한 쉼터로 옮겼다. 소녀는 상담사와의 면담을 통해 트라우마를 극복하고, 교육과 직업 훈련을 받을 수 있는 기회를 제공받았다. 카멀라는 이 소녀의 회복 과정을 지켜보며, 피해자 보호 프로그램이 얼마나 중요한지를 실감했다.

카멀라는 경찰과 협력하여 성매매 사건 처리 방식을 변경했다. 그녀는 경찰관들에게 성매매 피해자를 범죄자가 아닌, 구조와 지원이 필요한 사람으로 대하라고 교육했다. 이러한 접근 방식은 성매매 피해자들이 더 안전하게 보호받을 수 있도록 하고, 성매매 조직을 효과적으로 단속하는 데 도움이 되었다.

카멀라의 노력 덕분에 샌프란시스코는 청소년 성매매 근절에 있어 중요한 변화를 이루었다. 피해자 보호 프로그램을 통해 많은 소녀들이 구조되었고, 성매매 조직의 단속이 강화되었다. 그녀의 접근 방식은 이후 다른 도시와 주에서도 모범 사례로 채택되었으며, 전국적인 성매매 근절 운동에 큰 영향을 미쳤다.

02
각종 범죄와의 싸움 및 법적 개혁 추진

카멀라 해리스는 샌프란시스코 지방검사로서 여러 주요 활동과 업적을 쌓았다. 그녀는 형사사법시스템의 개혁을 추진하며, 범죄 예방과 피해자 보호에 중점을 두었고, 범죄 예방을 위한 다양한 프로그램을 도입했다. 그녀는 지역사회와 협력하여 청소년범죄 예방 프로그램을 운용하고, 약물 남용 예방 프로그램을 통해 약물 범죄를 줄이는 데 노력했다. 이러한 프로그램은 범죄 발생을 줄이고, 지역사회의 안전을 강화하는 데 크게 기여했다.

카멀라는 형사사법시스템의 개혁을 추진하며 기소율을 높이고, 공정한 재판을 통해 법의 신뢰를 회복했다. 그녀는 증거 기반의 수사와 공정한 재판을 강조하며, 법의 공정성을 유지하기 위해 노력했다. 또한, 형사 재판 과정에서 인권 보호를 강화하여 피고인과 피해자 모두가 공정한 재판을 받을 수 있도록 했다.

또한, 지역사회와의 협력을 통해 범죄 문제를 해결하고, 경찰과 주민 간의 신뢰를 강화했다. 그녀는 지역사회 회의를 통해 주민들의 의견을 듣고, 범죄 예방과 법 집행 방안을 논의했다. 또한, 경찰과 주민 간의 협력 프로그램을 운영하여 공동체의 안전을 강화했다.

특히 아동 성매매를 근절하기 위해 많은 노력을 기울였으며, 아동 성매매를 방지하고 피해자들을 보호하기 위해 다양한 법적 조치를 취했다.

1. 법률 강화: 관련 법률을 강화하여 가해자들에게 더 강력한 처벌을 부과했으며, 아동 성매매 피해자들을 보호하는 법적 체계를 구축했다.

2. 협력 네트워크 구축: 지역사회, 비정부 기구(NGO), 경찰과 협력하여 네트워크를 구축, 다양한 이해관계자들과의 협력을 통해 아동 성매매 문제를 체계적으로 해결하려고 했다.

3. 교육과 인식 제고: 학교와 커뮤니티를 대상으로 한 교육 프로그램을 통해 아동 성매매의 위험성을 알리고, 예방할 수 있는 방법을 교육했다.

카멀라는 성범죄 피해자들을 보호하고 아동 성매매를 근절하는 과정에서 많은 도전과 어려움을 겪었다. 그러나 숱한 어려움에도 불구하고 피해자들을 보호하기 위해 끊임없이 노력했으며, 법적, 사회적 장벽을 극복하며 성범죄 피해자들이 정의를 실현할 수 있도록 지원했다.

03
첫 정치적 도전

2003년, 샌프란시스코 지방검사장(District Attorney)에 도전하며 정치 경력의 첫 발을 내디뎠다. 그녀는 선거 운동을 통해 자신의 비전과 목표를 알렸고, 그것은 그녀를 강력한 후보로 만드는데 중요한 역할을 했다.

카멀라는 자신의 상사이자 현직 지방검사장인 테렌스 할리난(Terence Hallinan)과 경쟁하게 되었다. 이는 카멀라에게 단순한 경력 이동이 아니었다. 그녀의 결의, 전략적 사고, 진보적 가치에 대한 헌신과 효과적인 거버넌스를 결합한 중요한 순간이었다.

카멀라의 선거 전략은 단순하면서도 메시지가 강력했다.

"우리는 테렌스 할리난처럼 진보적이지만, 테렌스 할리난이 못하는 것을 해 낼만큼 유능하다."

이 캠페인은 카멀라 해리스가 자신의 경쟁자인 할리난과 비교되는 두 가지 핵심 요소를 강조한 것이었다. 첫째는 진보적인 가치와 정책을 지지하며 사회적 변화를 추구하는 것이고, 둘째는 능력 있고 효율적으로 일하는 능력을 갖춘 역량을 강조한 것이다.

카멀라는 샌프란시스코 지방검찰청의 테런스 핼리넌 밑에서 일을 하면서, 그의 잠재력과 단점을 직접 보았다. 핼리넌은 사형제 반대와 형사사법개혁 옹호와 같은 많은 문제에 대한 진보적인 입장으로 유명했다. 그러나 임기 내내 유죄 판결률은 낮았고, 사무 능력은 종종 관리 부실과 비효율성 혐의로 훼손되었다.

카멀라의 캠페인 메시지는 최고 전략가에 의해 간결하게 포착되었다.

"우리는 테런스 핼리넌처럼 진보적이지만 테런스 핼리넌이 아닌 것처럼 유능합니다."

카멀라의 선거 캠페인은 그녀의 능력과 리더십을 입증하는 중요한 사건이었다. 그녀는 "진보적이지만 유능하다"는 메시지를 통해 유권자들의 신뢰를 얻었으며, 할리난의 진보적 가치와 그의 행정 능력의 부족을 동시에 강조했다. 그녀는 할리난의 진보적 가치와 범죄 예방 노력은 인정하지만, 그는 행정 능력과 리더십에 있어서는 부족하다고 지적했다. 이 메시지는 유권자들에게 카멀라가 더 유능하고 효과적인 지도자가 될 것이라는 확신을 주었다.

카멀라는 여러 연설에서 이렇게 강조했다.

"저는 진보적입니다. 하지만 저는 할리난처럼 말로만이 아닌 실천하는 유능한 진보입니다." 그녀는 범죄 예방과 형사사법개혁에 대한 구체적인 계획을 제시하며, 할리난이 이루지 못한 부분들을 개선하겠다고 약속했다.

카멀라는 샌프란시스코의 범죄율을 낮추기 위한 다양한 프로그램을 제안했다. 그녀는 특히 청소년 범죄 예방에 중점을 두고, 지역 사회와 협력하여 청소년들에게 교육과 직업 훈련을 제공하는 프로그램을 확대하겠다고 약속했다.

카멀라는 한 토론회에서 이렇게 말했다.

"우리의 목표는 청소년들이 범죄의 길로 빠지지 않도록 돕는 것입니다. 이를 위해 교육과 직업 훈련 프로그램을 강화하고, 지역사회와 협력하여 청소년들이 건강하게 성장할 수 있는 환경을 만들겠습니다."

카멜라는 다양한 선거 활동을 통해 유권자들과 직접 소통했다. 그녀는 지역사회 행사와 토론회에 적극적으로 참여하며, 유권자들에게 자신의 정책과 비전을 설명했다. 또한 지역 언론과의 인터뷰를 통해 자신의 메시지를 널리 알렸다.

어느 날, 샌프란시스코의 한 지역 커뮤니티 센터에서 열린 타운홀 미팅에 참석했다. 이 자리에서 해리스는 지역 주민들과 직접 대화를 나누며, 그들의 우려와 요구를 경청했다. 한 주민이 청소년 범죄 문제에 대해 질문하자, 그녀는 자신의 정책을 상세히 설명하며, 이 문제를 해결하기 위한 구체적인 방안을 제시했다.

"저는 청소년 범죄 예방을 위해 지역사회와 협력할 것입니다. 저는 청소년들에게 더 나은 교육과 직업 훈련 기회를 제공하여 그들이 범죄의 유혹에서 벗어날 수 있도록 도울 것입니다."

그녀는 샌프란시스코의 자산가들이 주최하는 다양한 모금 행사에 참석했다. 그녀는 이러한 행사에서 지역사회의 리더들과 직접 대화를 나누며 자신의 정책과 비전을 설명했다. 해리스는 공공안전, 형사사법개혁, 그리고 지역사회의 발전을 위한 다양한 계획을 제시하며, 지지를 호소했다.

카멜라는 유명한 지역 자산가인 로니 라킨(Ronnie Lott)의 자택에서 열린 모금 행사에 참석했다. 이 행사는 샌프란시스코의 주요 자산가들과 비즈니스 리더들이 대거 참석한 자리였다. 해리스는 이 자리에서 자신이 왜 지방검사장에 도전하는지, 그리고 그녀의 정책이 어떻게 지역사회를 변화시킬 수 있는지에 대해 열정적으로 연설했다.

"저는 샌프란시스코를 더 안전하고 정의로운 도시로 만들기 위해 이 자리에 섰습니다. 저는 형사사법개혁을 통해 모든 시민이 공평한 대우를 받을 수 있도록 할 것입니다. 여러분의 지지와 도움으로 우리는 이 목표를 이룰 수 있습니다."

카멀라의 연설은 큰 호응을 얻었고, 많은 자산가들이 그녀의 캠프에 기부를 약속했다. 이 모금 행사는 해리스의 정치자금 확보에 중요한 전환점이 되었다.

카멀라는 확보한 자금을 바탕으로 효과적인 선거 캠페인을 펼쳤다. 그녀는 TV 광고, 라디오 방송, 그리고 지역 신문 광고를 통해 자신의 정책과 비전을 알렸다. 특히 그녀는 청소년 성매매 문제와 같은 중요한 이슈를 다루며, 자신의 경험과 성과를 강조했다. 그녀는 유권자들에게 자신이 샌프란시스코를 더 안전하고 정의로운 도시로 만들기 위해 노력할 것이라는 확신을 심어주었다.

카멀라의 캠페인은 선거의 마지막 날까지 열기를 더해갔다. 그녀의 지지자들은 지역사회 곳곳에서 유세를 벌였고, 그녀 자신도 샌프란시스코 전역을 돌며 유권자들과의 만남을 이어갔다. 그녀는 각종 지역 행사에 참여하고, 주민들과 대화를 나누며 자신의 정책과 비전을 설명했다.

선거 전날 밤, 카멀라는 샌프란시스코 시내의 한 커뮤니티 센터에서 마지막 유세를 가졌다. 유세장에는 그녀를 지지하는 수백 명의 주민들이 모였다. 카멀라는 무대에 올라 감사 인사와 함께 연설을 시작했다.

"여러분의 지지와 성원에 깊이 감사드립니다. 우리는 함께 샌프란시스코를 더 안전하고 정의로운 도시로 만들 것입니다. 저는 여러분과 함께 이 길을 걷고, 모든 시민이 공평한 대우를 받는 사회를 만들기 위해 최선을 다할 것입니다."

카멀라의 연설은 큰 박수를 받았고, 지지자들은 그녀의 이름을 연호했다. 그녀는 지지자들과 일일이 악수를 나누며 감사의 마음을 전했고, 선거 승리에 대한 희망을 품고 유세장을 떠났다.

선거 당일, 카멀라는 이른 아침부터 투표소를 방문하며 유권자들을 격려했다. 그녀는 각 투표소를 돌며 유권자들과 대화를 나누고, 투표 참여를 독려했다. 해리스의 노력은 유권자들에게 깊은 인상을 남겼고, 많은 이들이 그녀의 진심 어린 접근에 감명을 받았다.

04
선거 승리와 그 후

카멀라 해리스의 전략은 성공적이었다. 그녀는 현직 검사장을 물리치고 당선되었다.

그날 밤, 선거 결과가 발표되자 카멀라의 선거캠프는 환호로 가득 찼다. 카멀라는 56.5%의 득표율로 승리하여 샌프란시스코 지방검사장에 당선되었다. 캘리포니아 최초의 흑인 여성 지방검사장이 탄생한 것이었다. 그녀의 승리는 샌프란시스코의 유력한 자산가들과의 연대, 그리고 효과적인 선거 캠페인 덕분이었다.

그녀는 가족, 친구, 그리고 지지자들과 함께 승리를 축하하며 감격의 눈물을 흘렸다.

카멀라는 당선 연설에서 자신의 비전을 다시 한번 강조하며, 앞으로의 계획을 발표했다.

"저는 오늘 여러분의 선택을 받았습니다. 이 도시는 우리의 노력과 헌신을 통해 더 나은 곳이 될 것입니다. 우리는 함께 형사사법시스템을 개혁하고, 범죄 예방과 공평한 법 집행을 위해 일할 것입니다."

카멀라는 당선 후, 자신의 공약을 실천하기 위해 바로 활동에 들어갔다. 그녀는 청소년 범죄 예방 프로그램을 확대하고, 성매매 피해자 보호 정책을 강화하는 등 다양한 개혁을 추진했다. 그녀의 노력은 지역사회에서 긍정적인 반응을 얻었고, 샌프란시스코의 법 집행 기관을 변화시키는 데 큰 기여를 했다.

카멀라는 지방검사장 직무를 수행하면서 여러 도전에 직면하게 되었다. 당시 샌프란시스코는 높은 범죄율과 낮은 유죄 판결률, 그리고 경찰과의 불안정한 관계 등 많은 문제를 안고 있었다. 카멀라는 이러한 도전들을 극복하고 법적 정의를 실현하기 위해 끊임없이 노력했다. 그녀의 성과는 법조계와 지역사회에 큰 변화를 가져왔고, 그녀의 리더십은 샌프란시스코를 넘어 전국적으로 주목받게 되었다.

카멀라가 샌프란시스코 지방검사장에 출마했을 때, 그녀는 진정한 변화를 약속했다. 그녀는 전임자인 테렌스 할리넌의 진보적인 정책을 이어가되, 보다 효율적이고 유능한 리더십을 발휘할 것을 다짐했다. 당시 샌프란시스코 지방검찰청은 낮은 유죄 판결률과 조직 내 혼란으로 인해 많은 비판을 받고 있었다. 해리스는 이러한 문제들을 해결하고, 법조계의 신뢰를 회복하기 위해 많은 노력을 기울였다.

카멀라는 범죄 예방을 위해 기존의 접근 방식을 재고해야 한다고 믿었다. 그녀는 청소년 범죄 예방 프로그램을 도입하여, 젊은이들이 범죄의 길로 빠지지 않도록 돕고자 했다. 이 프로그램은 학교와 지역사회 센터와 협력하여, 위험에 처한 청소년들에게 멘토링, 교육, 직업 훈련을 제공했다.

한 구체적인 사례로, 해리스는 'Back on Track' 프로그램을 도입했다. 이 프로그램은 초범인 젊은 범죄자들을 대상으로, 그들이 재범하지 않도록 돕는 것을 목표로 했다. 참가자들은 직업 훈련, 교육 기회, 그리고 멘토링을 통해 자신의 삶을 재건할 수 있는 기회를 제공받았다. 이 프로그램은 큰 성공을 거두었고, 재범률을 크게 낮추는 데 기여했다.

또한 카멀라는 증오 범죄와의 전쟁을 선포했다. 그녀는 다양한 인종, 성별, 성적 지향을 가진 사람들을 보호하기 위해 강력한 정책을 시행했다. 특히, LGBTQ+ 커뮤니티를 대상으로 한 범죄에 대해 강력한 대응을 약속했고, 이를 위해 전담팀을 구성했다. 그녀는 경찰과의 협력을 강화하여 증오 범죄에 대한 신속한 대응과 철저한 수사를 보장했다.

경찰과의 관계 개선도 중요한 과제였다. 해리스는 경찰과의 신뢰 회복을 위해 정기적인 회의를 주선하고, 경찰의 부패와 과잉 진압에 대한 강력한 입장을 취했다. 그녀는 투명성을 강조하며, 경찰의 과도한 폭력 사용에 대해 철저한 조사를 실시했다. 이를 통해 경찰과 지역사회 간의 신뢰를 회복하고, 법 집행 기관의 책임성을 높였다.

카멀라의 주요 업적 중 하나는 성폭력 사건에 대한 처리 개선이었다. 그녀는 성폭력 피해자들이 더욱 안전하고 존중받는 환경에서 조사를 받을 수 있도록 시스템을 개혁했다. 성폭력 사건 전담 부서를 신설하고, 피해자 지원 프로그램을 강화하여 피해자들이 법적 절차를 거치는 동안 필요한 지원을 받을 수 있도록 했다.

구체적인 사례로, 해리스는 사라의 법(Sara's Law)을 제정하는 데 중요한 역할을 했다. 이 법은 성폭력 피해자들이 신속하게 법적 지원을 받을 수 있도록 하는 법안으로, 피해자 보호를 강화하고 가해자 처벌을 엄격히 하는 내용을 담고 있었다. 이를 통해 성폭력 피해자들은 법적 절차에서 더 나은 보호와 지원을 받을 수 있게 되었다.

또한, 환경 범죄에 대한 강력한 대응을 약속했다. 그녀는 환경 보호를 위해 불법 폐기물 처리와 같은 환경 범죄에 대해 강력한 처벌을 했으며, 환경 범죄 전담팀을 구성하여 범죄가 발생하는 즉시 신속하게 대응할 수 있도록 했다.

일례로, 대규모 불법 폐기물 처리 사건을 수사하여 관련 기업과 개인들을 기소하는 데 성공했다. 이 사건은 환경 보호의 중요성을 강조하고, 환경 범죄에 대한 강력한 메시지를 전달하는 계기가 되었다. 이를 통해 샌프란시스코가 보다 깨끗하고 안전한 환경을 유지할 수 있도록 기여했다.

카멀라의 리더십 아래, 샌프란시스코 지방검찰청은 법적 정의 실현을 위한 다양한 개혁을 추진했다. 그녀는 공정한 재판을 보장하고, 인종적, 경제적 배경에 상관없이 모든 시민들이 평등하게 법의 보호를 받을 수 있도록 노력했다.

또한, 공공 변호사 제도를 강화하여 저소득층 시민들이 충분한 법적 지원을 받을 수 있도록 했으며, 배심원 제도를 개혁하여 다양한 배경을 가진 시민들이 배심원으로 참여할 수 있도록 했다. 이를 통해 법적 절차의 공정성과 투명성을 높였다.

그녀의 성과는 법조계와 지역사회에 큰 변화를 가져왔으며, 그녀의 리더십은 샌프란시스코를 넘어 전국적으로 주목받게 되었다. 카멀라는 법적 정의와 사회적 책임을 강조하며, 샌프란시스코를 더 나은 사회로 만드는 데 중요한 역할을 했다. 그녀의 노력과 헌신은 오늘날에도 많은 이들을 변화시키고 있다.

05
삼진아웃법 수정과 범죄 예방 프로그램 도입

카멀라 해리스는 샌프란시스코 지방검사장에 취임한 후, 첫 3년 동안 유죄 판결률을 52%에서 67%로 크게 상승시켰다. 이는 그녀의 강력한 리더십과 효율적인 범죄 대응 전략 덕분이었다. 해리스는 범죄 예방과 공정한 법 집행을 위해 다양한 프로그램과 정책을 도입했다.

취임 후 삼진아웃법(Three Strikes Law)의 개혁을 추진했다. 이 법은 세 번째 중범죄를 저지른 범죄자에게 자동으로 종신형을 선고하는 법이었지만, 카멀라는 이 법이 과도하게 적용된다고 판단했다. 그녀는 비폭력 범죄에 대해서는 더 유연한 접근을 취하도록 했고, 폭력 범죄에 대해서는 엄격한 처벌을 유지했다.

어느 날, 비폭력 절도범인 한 남성의 사건을 맡았다. 이 남성은 이전에 두 번의 절도죄로 유죄 판결을 받은 적이 있었고, 이번에 세 번째 절도죄로 기소되었다. 삼진아웃법에 따르면, 그는 종신형을 선고받을 위기에 처해 있었다.

카멀라는 이 사건을 재검토하며, 비폭력 절도범에게 종신형을 선고하는 것은 지나치게 가혹하다고 판단했다. 그녀는 판사에게 이 남성을 교도소 대신 재활 프로그램에 보내줄 것을 요청했다. 카멀라는 그의 범죄 배경과 재활 가능성을 강조하며, 이 남성이 사회로 복귀할 수 있는 기회를 제공해야 한다고 주장했다.

판사는 카멀라의 요청을 받아들여, 이 남성을 재활 프로그램에 보내는 판결을 내렸다. 이 사건은 해리스의 삼진아웃법 개혁이 실질적인 효과를 거둔 예시 중 하나였다. 이 개혁은 비폭력 범죄자들에게 재활의 기회를 제공함으로써, 재범률을 낮추고 유죄 판결률을 높이는 데 기여했다.

또한, 청소년 범죄 예방 프로그램을 도입했다. 그녀는 청소년들이 범죄의 유혹에서 벗어나 건강하게 성장할 수 있도록 돕기 위해 다양한 교육 및 직업 훈련 프로그램을 운영했다. 이러한 프로그램은 지역사회와 협력하여 진행되었으며, 많은 청소년들이 범죄의 길을 떠나 새로운 삶을 시작할 수 있도록 도왔다.

한 청년이 해리스의 범죄 예방 프로그램에 참여하게 되었다. 그는 가정에서의 문제와 주변 환경의 영향으로 인해 범죄에 연루될 위험이 있었다. 카멀라는 그를 위한 맞춤형 교육 프로그램을 제공하고, 지역사회의 멘토와 연결시켜주었다.

이 청년은 프로그램을 통해 새로운 기술을 배우고, 긍정적인 목표를 설정하게 되었다. 그는 프로그램을 성공적으로 마치고, 직업 훈련을 통해 안정된 일자리를 찾게 되었다. 이 성공 사례는 해리스의 범죄 예방 프로그램이 얼마나 효과적인지를 보여주는 좋은 사례다.

카멀라는 또한 데이터 분석을 활용하여 범죄 패턴을 파악하고, 효과적인 법 집행 전략을 수립했다. 그녀는 범죄 데이터를 체계적으로 분석하여, 범죄 발생 지역과 유형을 정확하게 파악하고, 이를 바탕으로 경찰과 협력하여 범죄 예방과 대응을 강화했다.

06
카멀라 해리스의 논란이 된 결정

2004년, 샌프란시스코 지방검사장으로서 카멀라 해리스는 경찰관 아이작 에스피노자(Isaac Espinoza) 살해 사건의 피의자에 대해 사형을 구형하지 않기로 결정했다. 이 결정은 큰 논란을 불러일으켰고, 그녀는 경찰 노조와 많은 경찰관들로부터 비판을 받았다.

아이작 에스피노자 경찰관은 2004년 4월 10일, 샌프란시스코의 베이뷰-헌터스 포인트 지역에서 순찰 중 총격을 받아 사망했다. 이 사건은 지역사회와 경찰 모두에게 큰 충격을 주었으며, 범인인 다비드 힐(David Hill)은 곧 체포되었다. 사건의 심각성과 경찰관의 죽음이라는 점에서 많은 사람들이 사형 구형을 기대했다.

카멀라는 개인적으로 사형에 반대하는 입장을 가지고 있었고, 이는 그녀의 정치적 신념과 일치했다. 그녀는 경찰관을 살해한 피의자에 대해서도 사형을 구형하지 않기로 결정했다. 해리스는 대신 피의자에게 종신형을 구형했다.

이 결정은 즉시 논란을 불러일으켰다. 특히 경찰 노조와 많은 경찰관들이 강하게 반발했다. 에스피노자 경찰관의 장례식에서 이러한 반발은 더욱 두드러졌다. 장례식에서 상원의원 다이앤 파인스타인(Dianne Feinstein)은 추모사를 통해 해리스를 공개적으로 비판했다.

"경찰관을 살해한 자에게는 사형을 구형해야 합니다."라고 파인

스타인은 장례식에서 말하며, 해리스의 결정을 비판했다. 그녀의 이 발언은 장례식에 참석한 수백 명의 경찰관들로부터 기립 박수를 받았다. 카멀라는 청중 가운데 앉아 이 비판을 직접 들어야 했다.

카멀라의 결정은 경찰 노조와의 관계에 오랫동안 영향을 미쳤다. 그녀는 이후 10년 동안 경찰 노조로부터 냉대를 받았다. 경찰관들은 그녀의 결정을 비판하며, 그녀를 지지하지 않는다는 입장을 밝혔다. 이는 카멀라가 이후 정치적 경력을 쌓아가는 데 있어서도 계속해서 도전 과제가 되었다.

카멀라는 경찰 노조와의 관계 개선을 위해 여러 가지 노력을 기울였다. 그녀는 경찰관들이 직면하는 위험과 도전에 대해 이해하고, 그들의 복지를 위해 다양한 프로그램을 도입했다. 예를 들어, 경찰관의 정신 건강을 지원하는 프로그램을 확대하고, 현장 훈련을 강화하는 등의 조치를 취했다.

또한, 경찰과 지역사회 간의 신뢰를 회복하기 위해 노력했다. 그녀는 지역사회와의 대화를 통해 경찰의 역할과 책임을 재정립하고, 경찰관들이 지역사회와 협력하여 범죄를 예방하고 해결할 수 있도록 지원했다.

07
코카인 도난 사건과 그 후폭풍

2009년, 카멀라 해리스가 샌프란시스코 지방검사장으로 재직하던 시절, 그녀의 사무실은 큰 논란에 휩싸였다. 사건의 발단은 검찰청 범죄 연구소의 한 기술자가 증거로 보관 중이던 코카인을 도난당하고, 증거를 부적절하게 처리한 것이었다. 이 사건은 카멀라의 리더십과 검찰청의 신뢰성에 큰 타격을 주었고, 약 천 건의 마약 관련 사건이 기각되는 결과를 초래했다.

검찰청의 범죄 연구소에서 일하던 데보라 매든(Deborah Madden)이라는 기술자는 2009년에 코카인을 도난한 혐의로 조사를 받았다. 매든은 범죄 연구소에서 증거로 보관 중이던 코카인을 훔치고, 일부 증거를 부적절하게 처리했다. 이로 인해 연구소의 증거 관리 시스템에 대한 신뢰성이 심각하게 훼손되었다.

카멀라는 사건이 발생한 직후 이를 공개하지 않고 내부적으로 해결하려 했다. 그러나 이 사실이 외부로 알려지면서 큰 논란이 일어났다. 특히, 카멀라가 변호인단에게 이 사건을 알리지 않은 점이 큰 문제로 지적되었다. 변호인단은 이를 알았다면, 자신들의 사건에서 매든의 부적절한 증거 처리를 문제 삼아 방어할 수 있었을 것이다.

결국, 해리스의 이러한 대응 방식은 법원에서 문제로 지적되었고, 많은 마약 관련 사건들이 기각되었다. 약 천 건의 사건이 영향을 받아 기각되었고, 이는 해리스와 그녀의 사무실에 큰 타격을 주었다.

일례로, 존 도(John Doe)라는 피고인의 사건이 있다. 그는 코카인 소지 혐의로 기소되었으나, 매든이 증거를 부적절하게 처리한 것이 드러났다. 도의 변호인은 매든의 부적절한 행위를 방어 논리로 삼아 증거의 신뢰성을 문제 삼았다. 법원은 매든의 증거 처리 방식이 부적절하다는 점을 인정하고, 도의 사건을 기각했다.

이 사건 이후, 카멀라는 검찰청의 증거 관리 시스템을 철저히 재검토하고 개선하기 위한 조치를 취했다. 그녀는 새로운 관리 절차를 도입하고, 범죄 연구소의 운영 방식을 투명하게 개선했다. 또한, 직원 교육을 강화하여 유사한 사건이 재발하지 않도록 노력했다.

그러나 이 사건은 카멀라의 정치적 경력에 큰 영향을 미쳤다. 그녀는 이 사건으로 인해 신뢰성에 타격을 입었고, 정치적 비판의 대상이 되었다. 특히, 그녀의 리더십과 투명성에 대한 의문이 제기되었다. 그러나 해리스는 이후에도 자신의 정치적 경력을 이어가며, 사회 정의와 형사사법개혁을 위한 노력을 계속해왔다.

08
카멜라 해리스의 무단결석 법안

2010년, 샌프란시스코 지방검사장 재직 중에 학생들의 무단결석 문제를 해결하기 위해 논란이 된 법안을 강력히 지지했다. 이 법안은 학부모가 자녀를 학교에 보내지 않을 경우 경범죄로 처벌할 수 있도록 하는 내용을 포함하고 있었다.

카멜라는 무단결석이 학생들의 교육 기회를 박탈하고, 장기적으로 범죄와 사회적 문제를 야기할 수 있다고 보았다. 그녀는 무단결석 문제를 해결하기 위해 법안을 지지하며, 학부모들이 자녀의 교육에 대한 책임을 다하도록 강제하는 방안을 도입했다.

카멜라는 이 법안을 시행하기 전에 무단결석 문제의 심각성을 알리기 위한 캠페인을 시작했다. 그녀는 지역 학교를 방문하고, 학부모 및 교사들과 회의를 가지며, 무단결석이 학생들의 미래에 미치는 부정적인 영향에 대해 설명했다.

어느 날, 카멜라는 샌프란시스코의 한 중학교에서 열린 학부모 회의에 참석했다. 이 자리에서 그녀는 무단결석이 학생들의 학업 성취도와 장기적인 삶의 질에 어떤 영향을 미치는지 설명하며, 새로운 법안의 필요성을 강조했다.

"무단결석은 단순히 학교에 가지 않는 문제가 아닙니다. 이는 학생들의 미래를 어둡게 만들 수 있는 심각한 문제입니다. 우리는 모두 자녀들이 학교에 가도록 책임을 다해야 합니다."

또한, 무단결석 문제를 해결하기 위해 학부모들이 적극적으로 참여해야 한다고 강조했다. 그녀는 새로운 법안이 학부모들에게 자녀의 교육에 대한 책임을 인식시키고, 학생들이 정규적으로 학교에 출석할 수 있도록 돕는 역할을 할 것이라고 설명했다.

법안이 시행된 후, 카멀라는 무단결석률이 크게 감소하는 결과를 얻었다. 많은 학부모들이 자녀의 학교 출석을 보다 엄격히 관리하게 되었고, 이는 학생들의 학업 성취도 향상으로 이어졌다.

한 초등학교에서 무단결석이 빈번했던 학생의 사례가 있었다. 이 학생의 부모는 법안 시행 후, 자녀의 학교 출석을 더욱 엄격하게 관리하게 되었다. 그 결과, 이 학생은 정기적으로 학교에 출석하게 되었고, 학업 성취도도 크게 향상되었다. 이 사례는 법안이 실제로 학생들의 교육에 긍정적인 영향을 미쳤다는 것을 보여주는 예다.

하지만 이 법안은 비판도 많이 받았다. 일부 비평가들은 법안이 지나치게 가혹하며, 특히 저소득층 가정이나 한부모 가정에 불리하게 작용할 수 있다고 주장했다. 그들은 학부모를 범죄자로 만드는 대신, 교육 시스템의 지원을 강화하는 방향으로 접근해야 한다고 주장했다.

한 비평가는 "이 법안은 학부모들을 범죄자로 만드는 것에 불과합니다. 우리는 학생들이 학교에 출석할 수 있도록 지원하고, 학부모들이 교육 시스템의 도움을 받을 수 있도록 해야 합니다."라고 주장했다. 이러한 비판은 법안이 시행된 후에도 계속해서 제기되었다.

카멀라의 무단결석 법안은 샌프란시스코에서 무단결석 문제를 해결하는 데 중요한 역할을 했지만, 동시에 논란도 많이 일으켰다. 이 법안의 시행과 그에 따른 결과는 카멀라의 정치적 경력에서 중요한 사례로 남아 있다.

09
카멀라 해리스와 개빈 뉴섬의 우정

2003년, 카멀라 해리스가 샌프란시스코 지방검사장으로 당선된 같은 해에 개빈 뉴섬(Gavin Newsom)은 샌프란시스코 시장에 선출되었다. 이 두 정치인은 당시부터 친밀한 관계를 유지해왔으며, 이후에도 서로의 정치적 경력을 지원하며 깊은 우정을 나누고 있다.

카멀라 해리스와 개빈 뉴섬이 처음 만난 것은 그들이 샌프란시스코 지방검사장과 시장에 선출되기 전이었다. 당시 그들은 각각의 자리에서 도시의 발전과 공공 안전을 위한 다양한 프로젝트에 참여하면서 자연스럽게 서로를 알게 되었다. 해리스는 법률 전문가로서, 뉴섬은 정치인으로서 서로의 분야에서 강한 리더십과 비전을 보여주었다.

그들이 각자의 자리에서 선출된 2003년은 두 사람 모두에게 중요한 해였다. 해리스는 공정하고 효율적인 법 집행을 약속하며 지방검사장으로 선출되었고, 뉴섬은 샌프란시스코의 발전과 혁신을 주도할 시장으로서의 역할을 맡았다. 두 사람은 도시의 발전을 위해 협력하기로 다짐했고, 이는 곧 두 사람의 우정과 정치적 동맹의 기초가 되었다.

카멀라와 뉴섬은 여러 중요한 프로젝트에서 협력했다. 그중 하나는 도시의 범죄율을 낮추고 공공 안전을 강화하기 위한 '안전한 샌프란시스코' 캠페인이었다. 카멜라는 법률 집행의 최전선에서 범죄와의 전쟁을 선포했고, 뉴섬은 시 정부의 자원을 동원하여 이를 지원했다.

두 사람은 주거 문제와 홈리스 문제 해결을 위해 협력했다. 뉴섬은 주거 문제 해결을 위한 여러 정책을 추진했고, 해리스는 법률적 지원과 프로그램을 통해 이 문제를 법적으로 뒷받침했다. 이 과정에서 두 사람은 서로의 전문성을 존중하며 긴밀하게 협력했다.

카멜라와 개빈 뉴섬은 정치적 동료일 뿐만 아니라 개인적인 친구로도 유명하다. 두 사람은 종종 함께 휴가를 보내며, 서로의 가족과도 가까운 관계를 유지하고 있다.

카멜라와 뉴섬은 종종 캘리포니아의 아름다운 자연을 즐기기 위해 함께 캠핑을 가곤 했다.

2015년 여름, 카멜라와 뉴섬은 가족과 함께 캘리포니아의 유명한 와인 생산지인 나파 밸리(Napa Valley)로 휴가를 떠났다. 그들은 나파 밸리의 아름다운 풍경과 와이너리를 즐기며, 바쁜 정치적 일정을 잠시 잊고 휴식을 취했다.

카멜라와 뉴섬 가족은 여러 와이너리를 방문하며 와인 시음을 즐겼다. 카멜라는 특히 레드 와인을 좋아했고, 뉴섬은 와인의 역사와 제조 과정에 깊은 관심을 보였다. 그들은 와이너리의 주인들과 이야기를 나누며 와인에 대한 지식을 쌓았다.

한 와이너리에서 해리스와 뉴섬은 와인 제조 과정을 직접 체험해 볼 수 있는 기회를 가졌다. 그들은 포도를 수확하고 와인 배럴에 포도를 담는 작업을 도우며 즐거운 시간을 보냈다. 이 경험은 두 사람의 우정을 더욱 돈독히 하는 계기가 되었다.

카멀라와 뉴섬 가족은 함께 저녁 식사를 하며 깊은 대화를 나누었다. 그들은 서로의 정치적 비전과 목표에 대해 이야기하며, 서로를 격려하고 지지했다. 카멀라는 그녀가 추진하고 있는 형사사법개혁에 대해 설명했고, 뉴섬은 그의 주택 정책과 환경 보호 계획에 대해 이야기했다.

"카멀라, 당신이 추진하는 형사사법개혁은 정말 중요해. 나는 당신이 이 문제에 대해 강력히 목소리를 내는 것을 지지해."

뉴섬은 해리스를 격려하며 말했다.

"개빈, 당신의 환경 보호 계획은 정말 인상적이야. 우리는 모두 이 지구를 보호하기 위해 더 많은 노력을 기울여야 해."

카멀라는 뉴섬의 노력을 칭찬하며 답했다.

카멀라와 뉴섬은 서로의 정치적 경력을 적극적으로 지원해왔다. 뉴섬은 카멀라가 2010년 캘리포니아 법무장관 선거에 출마했을 때, 그녀를 지지하며 캠페인 활동에 참여했다. 카멀라 역시 뉴섬이 캘리포니아 주지사로 출마했을 때 그를 지지하며 선거 캠페인에 적극적으로 나섰다.

카멀라 해리스와 개빈 뉴섬의 우정은 단순한 정치적 동맹을 넘어, 개인적인 신뢰와 지지로 이어져 있다. 그들은 함께한 휴가와 같은 개인적인 경험을 통해 서로의 관계를 더욱 돈독히 했고, 이를 바탕으로 정치적 경력에서도 상호 지원을 아끼지 않았다. 이러한 우정은 두 사람의 정치적 비전과 목표를 실현하는 데 중요한 역할을 했다.

10
어머니 샤말라 고팔란의 말년

샤말라는 말년에 암과의 싸움을 시작했다. 유방암 연구의 선구자로서 많은 시간을 보냈던 그녀는 아이러니하게도 자신이 연구했던 병에 걸리게 되었다. 2000년대 초반, 샤말라는 유방암 진단을 받았고, 가족에게 큰 충격을 주었다. 그녀는 적극적으로 치료를 받으며 암과 싸웠지만, 건강은 점점 악화되었다.

샤말라의 암 투병 기간 동안, 가족들은 그녀를 지지하며 함께 싸웠다. 카멀라와 마야는 어머니의 곁에서 그녀를 돌보며, 그녀의 건강 회복을 위해 최선을 다했다.

샤말라는 병원 치료와 가정 요법을 병행하며 최선을 다해 암과 싸웠다. 그녀는 딸들에게 자신의 상태를 솔직하게 이야기하며, 자신이 느끼는 감정과 두려움을 공유했다. 샤말라는 "우리는 가족이기 때문에 서로를 지지해야 한다."며 가족의 중요성을 강조했다.

2009년 2월 11일, 샤말라는 70세의 나이로 세상을 떠났다. 그녀의 마지막 시간은 가족과 함께였고, 딸들의 사랑과 지지를 받았다.

카멀라와 마야는 어머니의 마지막 순간을 함께 하며, 그녀의 삶을 기리기 위해 최선을 다했다. 그녀의 죽음은 가족에게 큰 슬픔을 안겨주었지만, 동시에 그녀의 유산을 이어가야 한다는 강한 결심을 심어주었다.

샤말라 고팔란의 유산은 그녀의 딸들에게 깊은 영향을 미쳤다. 카멀라는 어머니의 교훈과 가르침을 마음에 새기며, 자신의 정치적 경로를 걸어갔다. 그녀는 어머니가 가르쳐준 독립심과 강한 여성으로서의 자부심을 바탕으로, 법조인과 정치인으로서 성공적인 경력을 쌓아갔다.

카멀라는 어머니의 유산을 기리기 위해 다양한 사회적 문제에 대한 관심을 가지며, 특히 여성과 소수자들의 권리 보호를 위해 노력했다.

카멀라는 자서전에서 어머니에 대해서 이렇게 썼다.

"어머니는 내가 아는 사람 중 가장 강한 분이셨지만 나 역시 항상 어머니를 보호하고 싶었다. 부분적으로는 보호 본능이 많이기 때문에 생긴 것 같다. 하지만 어머니가 표적이라는 것도 알고 있었다. 그걸 보고 화가 났다. 나는 똑똑한 어머니가 억양 때문에 멍청한 사람 취급을 받았던 기억이 너무 많다. 어머니처럼 갈색 피부의 여성은 당연히 어머니가 선택한 드레스나 블라우스를 살 수 없기 때문에 의심을 받으며 백화점을 따라다녔던 기억도 있다.

또한, 어머니가 정부 관계자와의 만남을 얼마나 진지하게 받아들이셨는지 기억한다. 해외여행을 마치고 돌아올 때마다 어머니는 마야와 내가 세관을 통과할 때 예의 바르게 행동하도록 당부하셨다. "똑바로 서. 웃지 말고. 안절부절못하지 말고. 모든 짐을 챙겨. 준비해라." 그녀는 자신의 모든 말이 평가받을 것이라는 것을 알고 있었고, 우리가 준비되기를 원했다.

샤말라 고팔란의 영향은 단순히 가족에게만 국한되지 않았다. 그녀의 연구와 업적은 많은 과학자들과 의학자들에게 영감을 주었으며, 유방암 연구와 치료에 큰 기여를 했다.

카멀라는 어머니의 업적을 기리기 위해 유방암 연구와 예방을 위한 다양한 활동을 지원했다. 그녀는 "어머니의 유산을 이어받아 많은 사람들에게 희망을 주고 싶습니다. 우리는 모두 어머니의 가르침을 기억하며, 그녀의 꿈을 실현하기 위해 노력해야 합니다."라고 강조했다.

제6장
캘리포니아주 법무장관

01 2010년 캘리포니아주 법무장관으로 선출

02 법무장관으로서의 주요 활동과 업적

03 카멀라 해리스의 주택 위기 해결 노력

04 경찰 책임성 강화 Open Justice 플랫폼

05 카멀라 해리스와 OneWest 은행: 민사 집행 조치 거부

06 전국적으로 주목받는 법무장관으로 성장

07 버락 오바마와 함께 한 정치적 여정

08 결혼, 새로운 시작

01
2010년 캘리포니아주 법무장관으로 선출

2010년, 카멀라 해리스는 샌프란시스코 지방검사장 경험을 바탕으로 캘리포니아주 법무장관에 출마하기로 결심했다. 당시 캘리포니아는 경제 위기와 범죄 증가 등 여러 사회적 문제에 직면해 있었으며, 법무장관으로서의 역할은 이러한 문제를 해결하는 데 중요한 위치에 있었다. 카멀라는 많은 이들에게 의외의 후보로 여겨졌고, 당시 인기 있는 백인 공화당 후보인 로스앤젤레스 지방검사장 스티브 쿨리(Steve Cooley)와 경쟁하게 되었다.

대다수 전문가들은 카멀라가 선거에서 이길 가능성이 낮다고 예상했다. 쿨리는 로스앤젤레스에서 강력한 지지 기반을 갖추고 있었고, 그의 보수적인 입장을 주 전역의 많은 유권자들에게 어필했다. 반면에 카멀라는 상대적으로 덜 알려진 인물이었다. 특히 사형제도에 대한 반대 입장이 논란이 되었다.

카멀라는 출마 선언을 통해 자신의 목표와 공약을 명확히 했다.

"법 집행의 공정성과 효율성을 높이고, 경제 위기와 범죄 증가로 어려움을 겪는 우리 주를 위해 일하겠습니다. 저는 우리가 직면한 문제들을 해결하기 위해 헌신할 것이며, 이를 위해선 여러분의 지지가 필요합니다."

카멀라는 선거 캠페인에서 강력한 메시지와 전략을 통해 자신의 입장을 명확히 하고, 유권자들의 지지를 얻기 위해 노력했다. 그녀는 형사사법개혁, 범죄예방, 환경 보호 등 다양한 이슈에 대해 구체적인 계획을 제시하며, 유권자들에게 다가갔다.

카멀라는 쿨리와의 TV 토론회에서 자신의 정책과 비전을 명확히 설명하며, 쿨리와의 차별점을 강조하는 강렬한 인상을 남겼다. 특히 형사사법개혁에 대한 필요성을 강조하며, 자신의 경험과 성과를 바탕으로 캘리포니아의 법 집행을 개선하겠다고 약속했다. 카멀라는 토론회에서 이렇게 말했다.

"저는 샌프란시스코에서 지방검사장으로 일하면서 범죄 예방과 공정한 법 집행을 위해 노력해왔습니다. 이제 캘리포니아 전체에 이러한 변화를 가져오고자 합니다."

카멀라는 선거 과정에서 여러 공약을 내세웠다. 그 중에서도 특히 경제 회복과 범죄 예방, 그리고 법적 정의 실현에 중점을 두었다.

카멀라는 경제 위기로 인해 어려움을 겪고 있는 중소기업과 노동자들을 지원하기 위한 정책을 제안했다. 그녀는 중소기업에 대한 세금 감면과 금융지원, 그리고 직업 훈련 프로그램을 통해 경제를 회복시키겠다는 계획을 발표했다.

카멀라는 청소년 범죄 예방 프로그램과 지역사회 경찰 강화, 그리고 범죄 피해자 지원 프로그램을 통해 범죄율을 낮추고 공공안전을 강화하겠다고 약속하는 등 범죄 예방을 위한 다양한 프로그램을 제안했다.

또한, 법적 정의와 공정성을 실현하기 위한 다양한 정책도 제안했는데 사법 개혁과 인종적 불평등 해소, 그리고 시민권 보호를 위한 강력한 법적 대응을 약속했다.

카멀라는 유권자들에게 자신의 비전과 공약을 전달하기 위해 여러 공개 토론회와 유세를 통해 자신의 정책을 설명하면서 지지를 호소했으며, 지역사회의 여러 그룹과 만나 대화하고, 그들의 목소리를 듣고 이를 정책에 반영하려고 노력했다.

한 토론회에서 카멀라는 다음과 같이 말했다.

"저는 샌프란시스코에서 지방검사장으로서 범죄 예방과 공공 안전을 위해 많은 노력을 기울였습니다. 이제는 캘리포니아 전체를 위해 이러한 경험을 바탕으로 일할 준비가 되어 있습니다. 저는 여러분의 지지를 받아 우리 주의 법적 정의와 경제 회복을 실현할 것입니다."

그녀는 소외된 커뮤니티와의 만남을 중요시하며, 그들의 요구와 우려를 정책에 반영하려고 했다. 예를 들어, 라틴계 커뮤니티와의 만남에서 그들의 문제를 듣고, 이를 해결하기 위한 구체적인 정책을 제안했다.

"저는 여러분의 목소리를 듣고, 여러분의 문제를 해결하기 위해 노력하겠습니다. 우리는 함께 더 나은 캘리포니아를 만들 수 있습니다."

카멀라는 유권자들의 지지를 얻기 위해 다양한 캠페인 전략을 활용했다. 그녀는 온라인 캠페인, 미디어 홍보, 그리고 자원봉사자 네트워크를 통해 자신의 메시지를 전달했다.

카멀라는 온라인을 통해 자신의 비전과 공약을 널리 알렸다. 그녀는 소셜 미디어를 적극 활용하여 유권자들과 직접 소통하고, 그들의 질문에 답변했다. 카멀라의 온라인 캠페인은 많은 유권자들에게 긍정적인 반응을 얻었고, 그녀의 지지 기반을 넓히는 데 큰 도움이 되었다. 주요 신문과 방송사와의 인터뷰를 통해 자신의 정책을 설명하고 유권자들에게 신뢰를 주었다. 그리고 자신의 경험과 비전을 담은 기고문을 통해 유권자들에게 직접적인 메시지를 전달했다.

또한, 자원봉사자 네트워크를 통해 유권자들에게 직접 다가갔다. 그녀는 많은 자원봉사자들과 함께 문을 두드리고, 전화를 걸어 유권자들에게 자신의 메시지를 전달했다. 이러한 직접적인 접근 방식은 유권자들에게 큰 호응을 얻었고, 그녀의 지지 기반을 더욱 강화시켰다.

카멀라는 공개 토론회, 지역사회와의 대화, 온라인 캠페인, 미디어 홍보, 자원봉사자 네트워크를 통해 유권자들의 지지를 얻었다.

선거일이 가까워지면서 해리스와 쿨리의 경쟁은 점점 치열해졌다. 선거 결과는 매우 접전이었다. 개표 과정은 매우 긴장감 넘치는 순간이었다. 카멀라의 선거캠프는 개표 결과를 주의 깊게 지켜보았고, 시간이 지날수록 해리스의 승리가 확실해졌다. 최종 결과, 해리스가 약 74,000표 차이로 승리하며 캘리포니아 최초의 여성, 최초의 흑인 및 최초의 남아시아계 법무장관이 되었다.

최종 결과가 발표되었을 때, 해리스와 그녀의 지지자들은 큰 기쁨과 함께 승리를 축하했다. 카멀라는 승리 연설에서 이렇게 말했다.

"이 승리는 캘리포니아의 모든 사람들을 위한 승리입니다. 저는 여러분과 함께 우리 주를 더 안전하고 공정한 곳으로 만들기 위해 일할 것입니다."

02
법무장관으로서의 주요 활동과 업적

　카멀라 해리스는 캘리포니아 법무장관으로서 형사사법개혁, 범죄 예방, 피해자 보호를 위한 다양한 프로그램을 도입하고, 법의 공정성을 유지하기 위해 노력했다.

　그녀는 형사사법개혁을 주요 과제로 삼았다. 기존의 형사사법시스템이 여러 문제를 안고 있으며, 특히 인종적 불평등과 과도한 수감 문제를 해결해야 한다고 믿었다. 이를 위해 다양한 개혁 정책을 도입했다.

　우선 경범죄로 인한 범죄 기록이 개인의 삶에 미치는 부정적인 영향을 줄이기 위해 범죄기록 말소 프로그램을 도입했다. 이 프로그램은 비폭력적인 경범죄를 저지른 사람들에게 두 번째 기회를 제공하여, 그들이 사회에 재통합될 수 있도록 돕는 것이 목적이었다. 이 프로그램을 통해 많은 사람들이 새로운 출발을 할 수 있도록 지원했다. 그녀는 이렇게 강조했다.

　"모든 사람은 두 번째 기회를 가질 자격이 있다. 우리가 그들에게 새로운 기회를 제공할 때, 사회 전체가 그 혜택을 누릴 수 있습니다."

　이 프로그램은 많은 사람들에게 긍정적인 영향을 미쳤으며, 재범률을 줄이는 데 기여했다.

또한, 사법 개혁을 위해 여러 이해관계자들과 연합을 구축했다. 그녀는 경찰, 법원, 지역사회 지도자들과 협력하여 보다 공정하고 효율적인 사법 시스템을 만들기 위해 노력했다. 다양한 회의와 포럼을 통해 개혁의 필요성을 설득하고, 이를 실현하기 위한 구체적인 방안을 제시했다.

카멀라는 범죄 예방을 위해 여러 혁신적인 프로그램을 도입했다. 그녀는 범죄가 발생하기 전에 이를 예방하는 것이 가장 효과적인 방법이라고 믿었으며, 이를 위해 다양한 접근 방식을 시도했다.

카멀라는 청소년 범죄 예방을 위해 여러 프로그램을 도입했다. 그녀는 청소년들이 범죄의 유혹에 빠지지 않도록 돕기 위해 교육, 멘토링, 직업 훈련 프로그램을 마련했다. 카멀라는 이러한 프로그램이 청소년들에게 긍정적인 영향을 미치며, 그들이 건강한 사회 구성원으로 성장할 수 있도록 돕는다고 믿었다.

일례로, 'Back on Track' 프로그램을 확대하여 더 많은 청소년들이 혜택을 받을 수 있도록 했다. 이 프로그램은 청소년들에게 직업 훈련과 교육 기회를 제공하며, 그들이 범죄에서 벗어나 새로운 삶을 시작할 수 있도록 돕는 것이 목적이었다. 카멀라는 "청소년들이 우리 사회의 미래입니다. 우리는 그들이 올바른 길을 선택할 수 있도록 모든 지원을 아끼지 않을 것입니다."라고 말했다.

카멀라는 지역사회와 경찰 간의 신뢰를 구축하기 위해 지역사회 경찰 프로그램을 도입했다. 이 프로그램은 경찰이 지역사회와 더 가까운 관계를 맺고, 주민들과 협력하여 범죄를 예방하는 데 중점을 두었다. 카멀라는 경찰과 지역사회가 협력할 때 범죄 예방의 효과가 극대화될 수 있다고 믿었다.

카멀라는 여러 도시에서 시범 프로그램을 시작하여, 경찰과 주민들이 함께 범죄 예방 활동을 펼치도록 했다. 이 프로그램은 지역사회의 신뢰를 회복하고, 경찰과 주민 간의 관계를 개선하는 데 큰 기여를 했다. 카멀라는 "지역사회와 경찰이 협력할 때, 우리는 더 안전한 환경을 만들 수 있습니다."라고 강조했다.

카멀라는 법의 공정성을 유지하기 위해 다양한 노력을 기울였다. 그녀는 법적 절차의 공정성과 투명성을 보장하고, 모든 시민들이 평등하게 법의 보호를 받을 수 있도록 하는 데 중점을 두었다.

카멀라는 사법 개혁을 통해 인종적 불평등을 해소하기 위해 노력했다. 그녀는 법적 절차에서 인종적 편견을 제거하고, 모든 시민들이 평등하게 법의 보호를 받을 수 있도록 하는 정책을 추진했다. 카멀라는 사법 시스템 내의 인종적 불평등을 해결하기 위해 다양한 개혁 방안을 제시했다.

카멀라는 사법 개혁을 위한 연합을 구축하여, 다양한 이해관계자들과 협력했다. 그녀는 경찰, 법원, 지역사회 지도자들과 협력하여 인종적 불평등을 해결하기 위한 구체적인 방안을 마련했다. 카멀라는 "모든 시민은 평등하게 법의 보호를 받을 권리가 있다. 우리는 사법 시스템 내의 불평등을 해결하기 위해 끊임없이 노력할 것입니다"라고 강조했다.

카멀라는 시민권 보호를 위한 강력한 법적 대응을 약속했다. 그녀는 시민권이 침해된 사람들을 위해 법적 지원을 제공하고, 시민권 보호를 위한 다양한 프로그램을 도입했다. 카멀라는 모든 시민들이 자신의 권리를 보호받을 수 있도록 하는 데 중점을 두었다.

카멀라는 시민권 보호를 위한 법률지원센터를 설립하여, 시민들이 필요한 법적 지원을 받을 수 있도록 했다. 그녀는 "모든 시민은 자신의 권리를 보호받을 자격이 있습니다. 우리는 그들이 정의를 찾을 수 있도록 모든 노력을 다할 것입니다"라고 말했다.

카멀라는 캘리포니아 법무장관으로서 형사사법개혁, 범죄 예방, 피해자 보호를 위한 다양한 프로그램을 도입하고, 법의 공정성을 유지하기 위해 끊임없이 노력했다. 카멀라의 이러한 노력은 캘리포니아 전체에 긍정적인 변화를 가져왔다. 카멀라는 법적 정의와 공공 서비스를 실현하기 위해 헌신한 법무장관으로서, 그녀의 이야기는 법적 정의와 공공 서비스에 헌신하는 모든 이들에게 큰 교훈을 주고 있다.

03

카멀라 해리스의 주택 위기 해결 노력

2011년, 카멀라 해리스는 캘리포니아 법무장관으로서 주택 압류 위기 동안 주택 소유자들을 위한 중요한 싸움에서 승리를 거두었다. 당시 캘리포니아는 전국적인 주택 압류 위기로 인해 많은 주택 소유자들이 어려움을 겪고 있었고, 연방 정부는 은행들과의 협상을 통해 40억 달러의 전국적인 모기지 합의를 제안했다. 그러나 카멀라는 이 합의가 캘리포니아 주택 소유자들에게 충분하지 않다고 판단하고, 더 큰 금액을 확보하기 위해 싸웠다.

캘리포니아는 미국에서 가장 큰 주택 시장 중 하나였으며, 주택 압류 문제로 심각한 타격을 입은 지역 중 하나였다. 연방 정부와 주요 은행들 간의 초기 합의안은 전국적으로 40억 달러를 배분하는 것이었지만, 카멀라는 캘리포니아가 그 금액 중 일부만을 받는 것이 불공평하다고 생각했다.

카멀라는 은행들의 불법적인 주택 압류 관행을 강력히 비판하며, 캘리포니아 주택 소유자들이 더 많은 지원을 받아야 한다고 주장했다. 그녀는 초기 합의안을 거부하고, 더 큰 금액을 확보하기 위해 협상을 재개할 것을 요구했다.

카멀라는 은행들과의 협상에서 매우 강경한 입장을 취했다. 그녀는 은행이 불법적으로 주택을 압류한 사례들을 수집하고, 이를 바탕으로 강력한 법적 조치를 취할 준비가 되어 있음을 강조했다. 또한 연방 정부와 다른 주의 법무장관들과 협력하여 전국적인 모기지 합의가 주택 소유자들에게 실질적인 도움이 되도록 하기 위해 노력했다.

협상의 중요한 순간 중 하나는 카멀라가 캘리포니아의 주택 소유자들이 당한 피해를 구체적으로 제시한 때였다. 그녀는 은행의 부정행위로 인해 많은 사람들이 집을 잃었고, 이로 인해 경제적으로 큰 타격을 받았다는 점을 강조했다. 은행이 이 피해를 보상하기 위해 더 많은 금액을 지불해야 한다고 주장했다. 카멀라는 이렇게 말했다.

"우리는 우리의 주택 소유자들이 정당한 보상을 받을 때까지 싸울 것입니다. 그들은 은행들의 불법적인 행동으로 인해 큰 피해를 입었습니다."

카멀라의 강경한 입장과 협상 노력 덕분에 캘리포니아는 초기 합의안에서 제안한 금액보다 훨씬 더 많은 200억 달러를 확보하는 데 성공했다. 이 금액은 캘리포니아 주택 소유자들을 위한 구제 프로그램, 주택 개조, 주택 구제 대출 등의 형태로 지원되었다.

예를 들어, 한 주택 소유자는 카멀라의 노력 덕분에 주택 구제 대출을 받아 집을 잃지 않을 수 있었다. 이 소유자는 은행의 부정행위로 인해 압류 위기에 처했지만, 구제 대출 프로그램을 통해 재정적인 안정을 찾을 수 있었다.

하지만, 카멀라의 강경한 협상 태도는 일부 비판을 받기도 했는데 그녀가 정치적 이득을 위해 과도하게 강경한 입장을 취했다고 주장한 것이다. 그러나 카멀라는 자신의 결정이 주택 소유자들을 보호하기 위한 것이었으며, 그 결과가 이를 입증한다고 반박했다.

　카멀라의 캘리포니아 법무장관 시절 주택 압류 위기 동안의 협상은 그녀의 리더십과 협상 능력을 입증한 중요한 사건이었다. 이 승리는 카멀라가 주택 소유자들을 위한 강력한 옹호자로서의 입지를 확립하는 데 기여했다.

04
경찰 책임성 강화 Open Justice 플랫폼

카멀라 해리스는 캘리포니아 법무장관으로 재직하면서 형사사법 시스템의 투명성을 높이고 경찰 활동에 대한 책임성을 강화하기 위해 데이터의 공개가 필요하다고 판단하고 'Open Justice'라는 온라인 플랫폼을 만들었다. 이 플랫폼은 경찰 구금 중 사망 및 부상 사건, 체포 및 범죄 데이터 등을 포함한 다양한 형사 사법 데이터를 수집하여 공공에 제공하는 것을 목표로 했다.

2015년, 카멀라는 Open Justice 플랫폼의 론칭을 발표했다. 카멀라는 플랫폼 론칭 당시 "투명성은 신뢰의 기반입니다. 우리는 형사사법시스템의 투명성을 높여야 하며, 이를 통해 공공의 신뢰를 회복해야 합니다."라고 말했다.

한 시민 단체는 플랫폼을 통해 경찰 구금 중 발생한 사망 사건을 분석하여, 특정 지역에서 경찰의 과도한 무력 사용 문제를 제기했다. 이 단체는 데이터를 기반으로 경찰 활동의 개선을 요구하며, 지역사회와 경찰 간의 대화를 촉진했다.

또한, Open Justice 플랫폼은 연구자들과 언론인들에게도 중요한 도구로 활용되었다. 한 연구자는 플랫폼을 통해 캘리포니아 전역에서의 체포 데이터를 분석하여, 인종별 체포 비율의 불균형을 발견했다. 이 연구는 공공과 정책 입안자들에게 인종적 형평성 문제를 제기하며, 형사사법개혁의 필요성을 강조하는 데 기여했다.

Open Justice 플랫폼은 긍정적인 평가를 받았지만, 일부 비판도 있었다. 일부 경찰 단체는 데이터 공개가 경찰 활동에 부정적인 영향을 미칠 수 있다고 우려했다. 그들은 데이터가 잘못 해석되어 경찰관들이 부당한 비판을 받을 수 있다는 것이다. 그러나 카멀라는 데이터의 투명성이 경찰 활동의 신뢰성을 높이는 데 필수적이라고 강조했다.

"데이터 공개는 경찰의 책임성을 강화하고, 공공의 신뢰를 회복하는 데 중요한 역할을 합니다. 우리는 이를 통해 더 나은 형사사법시스템을 구축할 수 있습니다."

카멀라의 노력 덕분에 Open Justice 플랫폼은 시간이 지나며 더욱 발전했다. 추가적인 데이터와 분석 도구가 플랫폼에 포함되었으며, 이를 통해 공공은 형사사법시스템의 다양한 측면을 더 깊이 이해할 수 있게 되었다. 카멀라는 플랫폼의 성공을 통해 캘리포니아 전역에서 형사사법개혁의 중요성을 강조했다. 이 플랫폼은 데이터를 공개하여 공공이 경찰 활동을 감시하고, 형사사법시스템의 개선을 촉구하는 데 기여했다. 카멀라의 노력은 캘리포니아와 그 너머에서 형사사법개혁의 중요한 기틀을 마련했다.

05
카멜라 해리스와 OneWest 은행: 민사 집행 조치 거부

2012년, 캘리포니아 법무장관으로 재직 중이던 카멜라 해리스는 캘리포니아 법무부로부터 OneWest 은행의 광범위한 부정행위에 대한 민사 집행 조치를 취할 것을 권고 받았다. 당시 이 은행의 CEO 는 현재 미국 재무부 장관을 지낸 스티븐 므누신(Steven Mnuchin)이 었다. 그러나 카멜라는 은행이나 므누신을 기소하지 않기로 결정했 는데, 이 결정은 큰 논란을 불러일으켰다.

OneWest 은행은 주택 압류 위기 동안 수천 건의 부동산을 압류 했으며, 이 과정에서 부정행위가 있었다는 주장이 제기되었다. 캘리 포니아 법무부는 조사 결과, OneWest 은행이 부적절한 압류 절차 와 불법적인 서류 작업을 했다는 증거를 발견했다. 이에 따라 법무 부는 카멜라에게 은행을 상대로 민사 집행 조치를 취할 것을 권고 했다.

카멜라는 법무부의 권고에도 불구하고, OneWest 은행이나 므누 신을 기소하지 않기로 결정했다. 그녀는 이 결정에 대해 공개적으로 설명하지 않았으나, 이후 해리스의 정치적 반대자들은 이를 문제 삼 아 그녀를 비판했다. 이들은 해리스가 정치적 이유로 므누신과 그의 은행에 대한 조치를 취하지 않았다고 주장했다.

카멜라의 결정은 많은 비판을 불러일으켰다. 특히, 주택 압류로 피해를 입은 많은 캘리포니아 주민들과 주택 소유자 권리 옹호 단체들이 해리스의 결정에 실망감을 표했다. 그들은 카멀라가 은행의 부정행위에 대해 더 강력한 조치를 취했어야 한다고 했다.

한 주택 소유자 권리 옹호 단체는 성명서를 통해 카멀라의 결정을 비판했다.

"OneWest 은행의 부정행위로 인해 수많은 가족들이 집을 잃었다. 법무장관으로서 해리스는 이러한 부정행위를 저지른 은행에 대해 강력한 조치를 취했어야 합니다."

또한, 카멀라의 정치적 반대자들은 그녀가 정치적 이유로 므누신과 그의 은행에 대한 조치를 피했다고 주장했다. 특히, 므누신이 이후 도널드 트럼프 대통령의 재무부 장관으로 임명되면서 이 논란은 더욱 주목을 받았다.

카멀라는 이 결정에 대해 공개적으로 많은 설명을 하지 않았지만, 그녀의 측근들은 법무장관으로서 그녀가 충분한 법적 근거가 없다고 판단했기 때문에 기소하지 않았다고 설명했다.

카멀라의 OneWest 은행에 대한 민사 집행 조치 거부 결정은 그녀의 정치 경력에서 중요한 논란 중 하나로 남아 있다. 카멀라는 법적 근거 부족을 이유로 기소를 하지 않았으나, 이 결정은 주택 소유자 권리 옹호 단체와 정치적 반대자들로부터 강한 비판을 받았다. 그러나 해리스는 주택 소유자들을 보호하기 위해 다른 방법으로 노력했으며, 이를 통해 캘리포니아 주민들에게 실질적인 도움을 제공했다.

06
전국적으로 주목받는 법무장관으로 성장

카멀라 해리스는 2010년 캘리포니아 법무장관으로 선출된 이후, 환경 보호, 소비자 권리 보호, 형사사법개혁 등 여러 분야에서 큰 성과를 거두었으며, 이러한 활동은 그녀가 전국적으로 주목받는 법무장관으로 성장하는 데 기여했다.

우선 환경 보호를 주요 과제로 삼고, 여러 환경 보호 정책을 추진했다. 그녀는 캘리포니아의 풍부한 자연 자원을 보호하고, 환경 범죄를 단호히 처벌하는 데 중점을 두었다.

카멀라는 캘리포니아의 대기 오염 문제를 해결하기 위해 강력한 조치를 취했다. 그녀는 대기 오염을 유발하는 기업들을 상대로 소송을 제기하고, 엄격한 규제를 통해 오염을 줄이기 위해 노력했다. 일례로, 대형 석유회사들을 상대로 소송을 제기하여, 그들이 배출하는 유해 물질의 양을 줄이도록 강제했다.

또한, 청정에너지 사용을 촉진하기 위한 정책을 추진했다. 그녀는 재생 가능 에너지 프로젝트를 지원하고, 청정에너지 기술을 개발하는 기업들에게 인센티브를 제공했다. 이를 통해 캘리포니아는 청정에너지 사용을 확대하고, 대기 오염을 줄이는 데 큰 성과를 거두었다.

그리고 캘리포니아의 물 자원을 보호하기 위해 다양한 정책을 도입했다. 수질 오염을 유발하는 기업들을 상대로 강력한 소송을 제기하고, 오염된 지역을 복원하기 위한 프로그램을 시행했다. 또한 물절약 캠페인을 통해 주민들이 물을 아껴 쓰도록 독려했다.

일례로, 농업 지역의 물 오염 문제를 해결하기 위해 농부들과 협력하여 새로운 농업 기술을 도입했다. 이 기술은 물 사용을 줄이고, 오염 물질이 하천으로 유입되는 것을 방지하는 데 큰 도움이 되었다. 카멀라는 "물은 우리의 소중한 자원입니다. 우리는 이 자원을 보호하기 위해 모든 노력을 다할 것입니다."라고 강조했다.

카멀라는 법무장관으로서 소비자 권리 보호를 중요한 과제로 삼았다. 그녀는 소비자들이 사기와 착취로부터 보호받을 수 있도록 다양한 정책을 추진했다.

카멀라는 개인정보 보호를 위해 다양한 정책을 도입했다. 기업들이 소비자들의 개인정보를 안전하게 보호하도록 강제하는 규제를 시행하고, 개인정보 유출 사건에 대해 강력한 처벌을 내렸다. 또한 소비자들에게 자신의 개인정보를 안전하게 보호하는 방법에 대해 교육하는 캠페인을 전개했다.

일례로, 대형 소매업체의 개인정보 유출 사건을 조사하여, 해당 기업이 적절한 보안 조치를 취하지 않았음을 밝혀냈다. 그녀는 이 기업을 상대로 소송을 제기하고, 소비자들에게 보상을 제공하도록 했으며, "소비자들의 개인정보는 안전하게 보호되어야 합니다. 우리는 이를 위해 강력한 조치를 취할 것입니다."라고 말했다.

카멀라는 검사출신 법무장관으로서 형사사법개혁을 주요 과제로 삼았다. 그녀는 기존의 형사사법시스템이 여러 문제를 안고 있으며,

특히 인종적 불평등과 과도한 수감 문제를 해결해야 한다고 믿었다. 이를 위해 다양한 개혁 정책을 도입했다.

카멀라는 검사장 시절부터 실시해 온 재범률을 줄이기 위한 다양한 프로그램을 도입을 강화했다. 그녀는 초범자와 경범죄자를 대상으로 한 재범 방지 프로그램을 통해, 그들이 다시 범죄를 저지르지 않도록 돕는 것을 목표로 했다. 이러한 프로그램은 직업 훈련, 교육, 멘토링 등을 포함하여 참가자들이 사회에 재통합될 수 있도록 지원했다.

카멀라는 기회가 있을 때마다 이렇게 말했다.

"모든 사람은 두 번째 기회를 가질 자격이 있습니다. 우리는 그들이 새로운 출발을 할 수 있도록 지원할 것입니다."

이러한 프로그램은 많은 사람들에게 긍정적인 영향을 미쳤으며, 재범률을 줄이는 데 기여했다.

또한, 카멀라는 사법 개혁을 위해 여러 이해관계자들과 연합을 구축했다. 그녀는 경찰, 법원, 지역사회 지도자들과 협력하여 보다 공정하고 효율적인 사법 시스템을 만들기 위해 노력했다. 카멀라는 다양한 회의와 포럼을 통해 개혁의 필요성을 설득하고, 이를 실현하기 위한 구체적인 방안을 제시했다.

카멀라는 특히 인종적 불평등을 해결하기 위해 노력했다. 그녀는 법적 절차에서 인종적 편견을 제거하고, 모든 시민들이 평등하게 법의 보호를 받을 수 있도록 하는 정책을 추진했다. 카멀라는 "모든 시민은 평등하게 법의 보호를 받을 권리가 있다. 우리는 사법 시스템 내의 불평등을 해결하기 위해 끊임없이 노력할 것입니다."라고 강조했다.

　카멜라는 법의 공정성과 사법 시스템의 투명성을 강화하기 위해 법원과 법 집행 기관의 절차를 투명하게 공개하고, 시민들이 이를 쉽게 이해할 수 있도록 하는 정책을 추진했다. 또한, 시민들이 법적 절차에 쉽게 접근할 수 있도록 하는 프로그램을 도입했다.

　일례로, 온라인 법적 정보 포털을 구축하여 시민들이 법적 절차와 자신의 권리에 대해 쉽게 알 수 있도록 했다. 이 포털은 법적 용어와 절차를 쉽게 설명하고, 필요한 법적 문서와 정보를 제공했다.

　그녀는 법의 공정성을 유지하고, 모든 시민들이 평등하게 법의 보호를 받을 수 있도록 하기 위해 끊임없이 노력했다. 카멜라의 이러한 노력은 캘리포니아 전체에 긍정적인 변화를 가져왔으며, 그녀의 리더십과 비전은 전국적으로 주목받게 되었다.

07
버락 오바마와 함께 한 정치적 여정

카멀라 해리스와 버락 오바마(Barack Obama)의 우정은 2004년 오바마의 상원 선거 출마 시기로 거슬러 올라간다. 해리스는 오바마의 초기 정치적 여정을 지지한 캘리포니아의 첫 주요 공직자 중 한 명으로, 두 사람은 그 이후로도 정치적 동료이자 친구로서 긴밀한 관계를 유지해왔다.

2004년, 오바마는 일리노이주에서 상원의원에 출마했다. 당시 캘리포니아주 샌프란시스코 지방검사장이었던 해리스는 오바마의 정치적 비전과 리더십에 깊이 공감하며, 그의 선거 캠페인을 지지하기로 결정했다. 카멀라는 오바마가 가진 변화의 메시지와 그가 추진하고자 하는 정책들이 미국 사회에 긍정적인 변화를 가져올 것이라고 믿었다.

2008년, 오바마가 대통령 선거에 출마했을 때, 카멀라는 캘리포니아에서 그를 지지한 첫 번째 주요 정치인이 되었다. 카멀라의 지지는 오바마의 선거 캠페인에 큰 도움이 되었다. 그녀는 오바마의 지지 기반을 넓히기 위해 다양한 행사에 참여하고, 그의 정책과 비전을 지지하는 연설을 했다.

2007년, 카멀라는 샌프란시스코에서 열린 오바마의 대통령 선거 캠페인 집회에 참석했다. 이 집회는 오바마를 지지하는 많은 사람들이 모인 자리였으며, 카멀라는 이 자리에서 오바마를 지지하는 열정적인 연설을 했다.

"버락 오바마는 우리 사회에 필요한 변화를 가져올 수 있는 지도자입니다. 그의 비전과 정책은 우리 모두에게 더 나은 미래를 약속합니다. 저는 그를 전적으로 지지하며, 여러분도 함께 해주실 것을 부탁드립니다."

해리스의 연설은 많은 사람들에게 깊은 인상을 남겼고, 그녀의 지지는 오바마의 선거 캠페인에 큰 힘이 되었다.

오바마가 2008년 대통령 선거에서 승리한 후, 해리스와 오바마의 우정은 계속해서 깊어졌다. 해리스는 오바마 행정부의 다양한 정책을 지지하며, 그의 리더십 아래에서 미국이 긍정적인 변화를 이룰 수 있도록 함께 노력했다. 두 사람은 중요한 정치적 이슈에 대해 자주 의견을 나누었고, 서로의 정치적 경력을 지지했다.

카멀라는 캘리포니아주 법무장관으로 재직하면서 오바마 행정부와 긴밀히 협력했다. 그녀는 주택 위기 해결, 금융사기 방지, 환경보호 등 다양한 이슈에서 오바마 행정부의 정책을 지지하고, 함께 해결책을 모색했다.

특히, 오바마 대통령이 추진한 주택소유자구제계획(Homeowner Bill of Rights)을 적극 지지했다. 이 계획은 주택 위기로 어려움을 겪는 미국인들을 보호하고, 주택 소유자의 권리를 강화하기 위한 것이었다. 카멀라는 이 계획을 캘리포니아에서 성공적으로 시행하기 위해 오바마 행정부와 협력했다. 카멀라는 기자회견에서 이렇게 말했다.

"이 계획은 우리 주택 소유자들에게 매우 중요합니다. 우리는 그들의 권리를 보호하고, 주택 위기로 인한 피해를 최소화하기 위해 최선을 다할 것입니다."

카멀라와 버락 오바마의 우정은 2004년부터 시작되어, 오바마의 상원 선거와 대통령 선거를 거쳐 오늘날까지 이어져 오고 있다. 그녀는 오바마의 초기 정치적 여정을 지지한 캘리포니아의 첫 주요 정치인이었으며, 두 사람은 이후에도 서로의 정치적 경력을 지지하며 긴밀한 관계를 유지해왔다.

버락 오바마는 조 바이든이 대선 후보에서 사퇴하고 카멀라를 추대하자 "우리는 바이든 대통령의 의견에 동의합니다. 카멀라를 선택한 것은 그가 내린 가장 좋은 결정 중 하나였습니다."라고 말하면서 카멀라 해리스를 공식적으로 지지했다. 그는 해리스의 검사로서의 경력, 상원에서 보낸 시간, 부통령으로서 생식권과 다른 문제들에 대한 그녀의 주도적 역할을 칭찬했다.

"카멀라 해리스는 이력서 이상의 것을 가지고 있습니다. 그녀는 이 중요한 순간이 요구하는 비전, 성격, 힘을 가지고 있습니다. 카멀라가 이 선거에서 승리하고 미국 국민을 위해 기여할 수 있는 자질을 정확히 갖추고 있다는 데 의심의 여지가 없습니다. 그 어느 때보다 더 큰 위험이 있는 이 시기에 그녀는 우리 모두에게 희망을 줄 이유를 제공합니다."

08
결혼, 새로운 시작

2014년, 카멀라 해리스는 로스앤젤레스의 기업 변호사 더그 엠호프(Doug Emhoff)와 결혼했다. 이 결혼식은 해리스의 여동생 마야가 주례를 맡아 진행되었으며 가까운 가족과 친구들만 초대된 소규모 행사였다. 엠호프는 이전 결혼에서 두 자녀를 두었으며, 이들은 카멀라를 "머말라(Momala)"라고 부른다. 이 이야기는 해리스와 엠호프가 새로운 가족을 시작하며 겪었던 따뜻한 순간들을 보여준다.

카멀라와 엠호프는 온라인 데이팅 사이트를 통해 처음 만났다. 두 사람은 서로에 대한 깊은 관심과 존경을 바탕으로 사랑을 키워갔고, 결혼을 결심했다.

결혼식 당일, 카멀라와 엠호프는 가족과 친구들의 축복 속에서 서약을 나누었다. 해리스는 단아한 드레스를 입고, 엠호프는 세련된 수트를 입었다. 마야 해리스는 두 사람의 사랑과 헌신을 강조하는 감동적인 주례사를 남겼다.

"오늘 우리는 카멀라와 더그의 사랑과 헌신을 축하하기 위해 이 자리에 모였습니다. 이 두 사람은 서로에 대한 깊은 존경과 사랑을 바탕으로 새로운 여정을 시작하게 되었습니다."

엠호프의 두 자녀는 처음에 카멀라를 새로운 가족으로 받아들이는 것에 대해 약간의 걱정을 가지고 있었다. 그러나 카멀라는 이들과의 관계를 쌓기 위해 많은 노력을 기울였다. 그녀는 엠호프의 자녀들에게 존중과 사랑을 보여주며, 그들의 삶에 적극적으로 참여했다. 시간이 지나면서, 엠호프의 자녀들은 해리스를 "Momala"라고 부르기 시작했다. 엠호프의 자녀는 이렇게 말했다.

"Momala는 우리에게 두 번째 엄마와 같은 존재입니다. 그녀는 항상 우리를 존중하고, 우리의 의견을 존중해줍니다."

카멀라와 엠호프 가족은 종종 함께 시간을 보내며, 서로의 삶에 깊이 관여했다. 한 번은 해리스와 엠호프 가족이 함께 주말여행을 떠나 산책과 캠핑을 즐겼다. 이 여행에서 해리스는 엠호프의 자녀들과 함께 자연을 탐험하고, 캠프파이어를 즐기며 가족 간의 유대를 강화했다. 이 여행에서 엠호프의 자녀들은 해리스와의 관계가 더욱 깊어졌다고 느꼈다. 엠호프의 자녀는 이렇게 말했다.

"Momala와 함께한 이 여행은 우리 가족에게 매우 특별한 시간이었다. 우리는 서로 더 가까워졌고, 많은 추억을 쌓았습니다."

카멀라와 더그 엠호프의 결혼은 새로운 가족의 시작을 알리는 따뜻한 이야기다.

제7장
미국 캘리포니아주 상원의원

01 2016년 캘리포니아주 상원의원으로 선출

02 정치적 비전과 목표

03 제프 세션스 청문회

04 브렛 캐버노 청문회

05 열정적인 지지자들의 이야기

06 트럼프의 당선과 새로운 싸움의 시작

07 트럼프 행정부의 정책을 질타하다

08 카멀라 해리스의 이민자 보호 정책

01
2016년 캘리포니아주 상원의원으로 선출

카멀라 해리스는 2016년 캘리포니아주 상원의원에 선출됨으로서, 그녀의 정치 경력에 또 다른 중요한 전환점을 맞이했다.

카멀라의 상원의원 출마 계기는 캘리포니아주 상원의원으로 24년 동안 연임한 바버라 복서(Barbara Boxer)가 불출마를 선언한 때문이었다. 주변 사람들이 카멀라에게 출마를 권유했다.

20년 경력의 중도 민주당 의원 로레타 산체스(Loretta Sanchez)는 1997년부터 캘리포니아주 하원의원으로 활동하며, 중도적인 입장과 국방 및 안보 문제에 대한 경험을 바탕으로 유권자들의 지지를 받아왔다.

두 후보 간의 경쟁은 캘리포니아 유권자들에게 큰 관심을 불러일으켰다. 두 사람은 각자의 강점을 내세워 선거 캠페인을 펼쳤다. 카멀라는 자신의 법무장관으로서의 성과를 강조하며, 형사사법개혁과 사회 정의를 위한 진보적인 정책들을 제시한 반면에 산체스는 국방 및 안보 분야의 경험을 내세워 유권자들의 지지를 호소했다.

카멀라는 선거 캠페인에서 다음과 같은 주요 공약을 제시했다.

형사사법개혁: 경찰의 책임성을 강화하고, 인종적 불균형을 해소하는 정책을 추진하겠다.

주택 문제 해결: 주택 가격 안정과 저소득층 주택 지원을 위한 정책 제안.

환경 보호: 캘리포니아의 환경 보호를 위해 강력한 규제를 도입하겠다.

　카멀라는 온라인 캠페인, 미디어 홍보, 자원봉사자 네트워크 등 다양한 채널을 통해 자신의 메시지를 전달했다. 또한 트위터, 페이스북, 인스타그램 등의 소셜 미디어 플랫폼을 통해 자신의 정책을 홍보하고, 유권자들과 실시간으로 소통했다. 그녀는 라이브 방송을 통해 유권자들의 질문에 답변하고, 자신의 비전을 공유했다. 이러한 접근 방식은 특히 젊은 유권자들에게 큰 호응을 얻었고, 그녀의 지지 기반을 더욱 강화시켰다. 또한 전국적인 뉴스 프로그램에 출연하여 자신의 공약과 비전을 설명하고, 캘리포니아 주민들에게 왜 자신이 상원의원으로서 적합한 후보인지 설명했다.

　2016년 10월, 카멀라와 산체스, 두 후보는 캘리포니아 대학교 로스앤젤레스 캠퍼스(UCLA)에서 열린 토론회에 참석했다. 이 토론회에서 카멀라는 자신의 법무장관 시절 성과를 강조하며 상원의원으로서의 비전을 설명했다.

　"저는 캘리포니아주 법무장관으로서 형사사법개혁과 주택 문제 해결을 위해 많은 노력을 기울였습니다. 이제 상원에서 이러한 문제들을 더 큰 범위에서 해결할 수 있도록 하겠습니다."

　2016년 11월 8일, 카멀라는 선거 캠페인을 마치고 집 근처 학교에서 직접 투표를 했다.

　선거 결과, 62%의 득표율로 산체스를 물리치고 상원의원에 당선되었다. 이 승리는 카멀라가 캘리포니아 유권자들 사이에서 높은 지지도를 가지고 있음을 입증한 동시에 그녀의 진보적인 정책들이 유권자들에게 공감을 얻었음을 보여준다.

승리의 밤, 카멀라의 선거캠프는 승리를 자축하며 그녀의 상원의원 당선을 기념했다.

저녁 식사 후, 천 명이 넘는 사람들이 모인 선거의 밤 행사장으로 향했다. 카멀라는 더 이상 공직 후보자가 아니었다. 그녀는 미국 상원의원 당선인이었고, 캘리포니아주에서 흑인 여성으로서는 최초이자 미국 역사상 두 번째로 그 직에 오른 사람이었다.

상원의원 카멀라 해리스는 팀원과 지지자들과 함께 박수를 치고 환호성을 질렀다. 모든 것이 여전히 조금은 초현실적으로 느껴졌다. 그들 중 누구도 무슨 일이 벌어지고 있는지 완전히 이해하지 못했다. 그들은 모든 결과에 감사하며 카멀라 주위에 원을 만들고 늘어섰다. 그들은 한 가족이었으며 함께 놀라운 여정을 겪어온 사람들이었다.

카멀라는 군중 사이를 헤치고 악수를 나누고 포옹을 하며 모든 기쁨을 만끽했다. 그때 한 흑인 남성이 어린 두 딸을 데리고 그녀에게 다가오더니 말했다.

"오늘 아이들을 데려온 이유는 이 아이들과 닮은 사람이 어떤 일을 할 수 있는지 보여주기 위해서입니다."

카멀라는 그의 두 딸을 가슴으로 안아주었다. 두 어린 영혼은 그녀의 가슴에 꼭 안겼다.

카멀라는 승리 연설에서 자신의 지지자들과 유권자들에게 감사를 표하며 상원의원으로서의 비전을 제시했다. 카멀라는 이렇게 말했다.

"여러분의 지지와 성원에 깊이 감사드립니다. 저는 상원에서 여러분의 목소리를 대변하고, 캘리포니아와 미국의 미래를 위해 열심히 일할 것입니다. 이제 우리는 진실을 말해야 합니다. 우리는 경찰의 폭력, 인종적 편견, 비무장 흑인 남성 살해에 대해 진실을 말해야 합니다. 우리는 의심하지 않는 지역사회에 중독성 오피오이드를 밀어붙인 제약회사와 취약한 미국인들에게 빚을 떠넘긴 월급날 대출업체와 영리 대학에 대해 진실을 말해야 합니다. 우리는 규제 완화, 금융 투기, 기후 부정주의를 신조로 삼은 탐욕스럽고 약탈적인 기업들에 대해 진실을 말해야 합니다. 그리고 나는 그렇게 하려고 합니다."

카멀라 해리스의 2016년 상원 선거 승리는 그녀의 정치적 경력에서 중요한 이정표로 남아 있다. 카멀라는 자신의 법무장관 시절 성과를 바탕으로 유권자들의 지지를 얻었고, 상원의원으로서 캘리포니아와 미국을 위한 진보적인 정책들을 추진하겠다는 비전을 제시했다. 이 승리는 카멀라가 이후에도 정치적 경력을 쌓아가는 데 중요한 발판이 되었다.

02
정치적 비전과 목표

상원의원 생활 첫해에 카멀라 해리스가 집중했던 주요 이슈 중 하나는 그녀의 정치적 비전과 목표를 반영하는 중요한 사안들이었다. 그녀는 형사사법개혁, 이민정책, 환경 보호, 그리고 여성과 소수자 권리보호 등 다양한 분야에서 적극적으로 활동하며 자신의 정치적 역량을 발휘했다.

카멀라는 캘리포니아주 법무장관 시절부터 형사사법개혁에 깊은 관심을 가지고 있었다. 상원의원으로서도 그녀는 형사사법시스템의 공정성과 효율성을 개선하기 위해 다양한 법안을 발의하고 개혁을 추진했다.

카멀라는 미국의 형사사법시스템이 인종적 불평등과 과도한 수감 문제를 안고 있다고 판단했다. 특히, 흑인과 라틴계 주민들이 불균형적으로 많은 비율로 체포되고 수감되는 문제를 해결해야 한다고 생각했다. 카멀라는 사법시스템의 공정성과 투명성을 높이기 위해 다양한 개혁 방안을 모색하고 법안을 발의했는데, 그 중 하나는 '리엔트 퍼스트 스텝 법안(The REDEEM Act)'으로, 비폭력 범죄자들의 범죄 기록을 말소하여 그들이 사회에 재통합될 수 있도록 지원하는 내용을 담고 있었다.

그녀는 "모든 사람은 재기(再起)할 기회를 받을 자격이 있습니다.

우리는 그들이 새로운 출발을 할 수 있도록 돕기 위해 최선을 다할 것입니다"라고 말했다. 재판을 기다리는 동안 감옥에서 석방될 수 있는 절차, 즉 보석 제도였다. 이 제도는 사람들의 삶에 미치는 불공정의 범위와 규모를 고려할 때 이제야 관심을 받기 시작한 문제였다. 카멀라는 이 법안을 발의하면서 이렇게 말했다.

"이 나라에서는 유죄가 입증되기 전까지는 무죄이며, 다른 사람에게 위험하거나 관할권을 벗어날 가능성이 높지 않은 한 감옥에서 법정 기일을 기다릴 필요가 없습니다. 배심원이 유죄 평결을 내리고 판사가 형을 선고할 때까지는 자유를 누릴 수 있다는 것이 적법 절차의 기본 전제입니다. 이것이 바로 권리장전이 과도한 보석을 명시적으로 금지하는 이유입니다. 이것이 바로 정의의 모습입니다."

또한, 경찰의 책임성을 강화하고 과도한 경찰 폭력을 방지하기 위한 법안도 발의했다. '경찰 책임성 및 투명성 법안(The Police Accountability and Transparency Act)'을 통해 경찰의 과잉 진압과 불법 행위를 조사하고, 이에 대한 책임을 물을 수 있는 체계를 마련하고자 했다.

두 번째 이슈로 문제시한 것은 이민정책이었다. 그녀는 미국의 이민 시스템이 비인도적이며, 많은 이민자들이 부당한 대우를 받고 있다고 판단하고, 이민자들의 권리를 보호하고 이민 시스템을 개선하기 위해 적극적으로 활동했다.

카멀라는 이민자들의 권리를 보호하기 위한 다양한 법안을 발의했는데 '드림법안(DREAM Act)'을 지지하며, 어릴 때 부모와 함께 불법으로 미국에 입국한 청소년들이 합법적인 체류 신분을 얻을 수 있도록 지원했다. 카멀라는 "드리머들은 우리의 미래입니다. 우리는 그들이 합법적으로 미국에서 생활하고 꿈을 실현할 수 있도록 지원해야 합니다."라고 강조했다. 그리고 이민자 구금 시설의 조건을 개선하고, 구금된 이민자들에게 적절한 법적 지원과 의료 서비스를 제공하기 위한 법안을 추진했다.

세 번째 실천 이슈는 환경 보호였다. 그녀는 캘리포니아주 법무장관 시절부터 환경 문제에 깊이 관여해왔으며, 상원의원으로서도 전국적인 환경 보호정책을 추진하고자 했다.

카멀라는 기후 변화 대응을 위한 강력한 정책을 추진했다. 그녀는 '녹색 뉴딜(Green New Deal)'을 지지하며, 청정에너지 사용 확대와 재생 가능 에너지 산업 육성을 위한 법안을 발의했다. 카멀라는 "기후 변화는 우리 시대의 가장 큰 도전 과제 중 하나입니다. 우리는 지속 가능한 미래를 위해 지금 행동해야 합니다."라고 말했다.

카멀라는 대기 오염과 수질 오염 문제를 해결하기 위한 법안도 발의했다. 그녀는 '대기오염방지법(Clean Air Act)'과 '수질보호법(Clean Water Act)'을 강화하여 오염물질 배출을 줄이고 깨끗한 공기와 물을 보장하기 위한 노력을 기울였다.

네 번째로 심혈을 기울인 이슈는 여성과 소수자 권리보호였다.

카멀라는 여성과 소수자들의 권리를 보호하고, 성평등과 인종 평등을 실현하기 위한 다양한 활동을 펼쳤다. 그녀는 상원의원으로서 여성과 소수자들의 목소리를 대변하며, 그들의 권리를 보호하기 위한 노력을 기울였다.

다섯 번째로 노력을 기울인 이슈는 성평등 실현이었다.

'동등임금법(Equal Pay Act)'을 지지하며, 동일한 일을 하는 남성과 여성에게 동일한 임금을 지급하도록 하는 법안을 추진했다. 카멀라는 "동일한 일을 하는 남성과 여성이 동일한 임금을 받는 것은 기본적인 권리입니다. 우리는 성평등을 실현하기 위해 계속해서 노력할 것입니다."라고 강조했다.

카멀라는 여성의 건강권을 보호하기 위한 법안을 발의했다. 그녀는 '여성건강보호법(Women's Health Protection Act)'을 통해 여성들이 안전하고 합법적으로 낙태 서비스를 받을 수 있도록 지원했다. 카멀라는 "여성의 건강과 권리는 보호되어야 합니다. 우리는 모든 여성이 자신의 건강과 관련된 결정을 스스로 내릴 수 있도록 지원할 것입니다."라고 말했다.

마지막으로 추진한 이슈는 인종 평등 실현이었다.

그녀는 '인종차별철폐법(Anti-Racial Discrimination Act)'을 통해 인종차별을 금지하고, 차별적인 관행을 근절하기 위한 노력을 기울였다.

또한, 소수자들의 경제적 기회를 확대하기 위한 법안을 발의했다. 그녀는 '소수자경제기회확대법(Minority Economic Opportunity Expansion Act)'을 통해 소수자 기업 지원 프로그램을 강화하고, 소수자들이 경제적으로 자립할 수 있도록 지원했다.

카멀라는 당시를 이렇게 회고하고 있다.

"나의 상원의원으로서 첫해는 많은 도전과 기회가 있었습니다. 저는 국민들을 위해 일하고 공정성과 정의를 실현하기 위해 최선을 다했습니다."

그녀는 국민들을 위해 공정성과 정의를 실현하기 위해 끊임없이 노력하며, 자신의 정치적 비전과 목표를 실현하기 위해 다양한 법안을 발의하고, 적극적으로 활동했다. 이러한 노력은 많은 사람들에게 공감을 받았고, 그녀의 리더십과 헌신적 노력은 인정받기 시작했다.

03
제프 세션스 청문회

　2017년, 카멀라 해리스는 상원 정보위원회에서 활동하며, 그 해에 일어난 여러 중요한 사건 중 하나로 주목받았다. 특히 당시 법무 장관이었던 제프 세션스(Jeff Sessions)를 대상으로 한 그녀의 날카로운 질문은 큰 화제를 모았고, 전국적으로 그녀의 강력한 리더십과 철저한 준비성을 보여주는 사례가 되었다.

　2017년 6월 13일, 제프 세션스는 러시아의 2016년 미국 대선 개입 의혹에 대한 조사를 위해 상원 정보위원회에 출석했다. 이 청문회는 당시 미국 정치의 주요 쟁점이었으며, 세션스의 증언은 큰 관심을 끌었다. 카멀라는 이 청문회에서 세션스를 대상으로 한 질의응답에서 중요한 역할을 했다.

　그녀는 세션스의 과거 진술과 그의 행적을 면밀히 분석하며, 그가 어떠한 입장을 취해왔는지, 그리고 그의 진술에 어떤 모순이 있는지를 파악했다. 또한 세션스의 법무부에서의 활동과 러시아와의 접촉에 대해 상세히 조사했다. 그녀는 준비한 질문들을 가지고 세션스에게 날카롭게 접근했다. 먼저, 세션스에게 러시아의 대선 개입 수사에 대해 법무부에서 어떠한 지시를 내렸는지 물었다. 그리고 세션스가 수사에 대해 어떤 정보를 알고 있었는지, 그가 수사에 어떻게 개입했는지에 대해 명확한 답변을 요구했다.

카멀라는 다음과 같이 단호하게 물었다.

"법무장관님, 러시아 수사와 관련하여 당신이 어떤 정보를 받았고, 구체적으로 어떤 지시를 내렸는지에 대해 명확히 설명해 주시기 바랍니다."

세션스는 카멀라의 질문에 당황한 듯 명확한 답변을 피하려 했다. 그러나 카멀라는 질문을 반복하며 구체적인 답변을 요구했다.

"법무장관님, 제 질문에 명확하게 답변해 주시기 바랍니다. 러시아의 대선 개입 수사와 관련하여 구체적으로 어떤 지시를 내리셨습니까?"

카멀라는 다시 한번 세션스를 압박했다. 이 과정에서 세션스는 점점 더 불편해하는 모습을 보였다. 세션스는 답변을 주저하며 막연하게 대답했다.

"제가 기억하는 한 특정한 지시를 내린 적이 없습니다. 저는 법무부의 규정에 따라 행동했습니다."

카멀라는 세션스의 답변이 모호하다는 점을 지적하며 다시 한번 몰아부쳤다.

"법무장관님, 구체적인 지시와 조치에 대해 국민들은 알고 싶어 합니다. 법무부의 규정에 따라 행동했다는 말로는 충분하지 않습니다."

세션스는 카멀라의 끈질긴 질문에 결국 이렇게 말했다.

"저는 이렇게 청문회가 진행되는 것을 감당할 수 없습니다! 제가 준비한 자료가 부족합니다."

이 발언은 청문회를 지켜보던 사람들 사이에서 큰 반향을 일으켰다. 카멜라의 끈질긴 질문과 세션스의 당황한 반응은 곧바로 화제가 되었고, 여러 언론 매체와 소셜 미디어에서 널리 퍼졌다. 많은 사람들은 그녀의 날카로운 질문과 끈질긴 태도를 인상 깊게 보았고, 그녀가 법과 정의를 수호하는 강력한 인물임을 인정했다.

카멜라의 질문은 단순히 세션스를 압박하는 데 그치지 않고, 법무부의 공정성과 투명성에 대한 중요한 논의를 촉발했다. 그녀는 법무부의 역할이 국민의 신뢰를 받기 위해 얼마나 중요한지를 강조하며, 세션스의 역할과 그의 진술이 이에 부합하지 않는다고 지적했다.

많은 정치 평론가와 언론 매체는 해리스의 질문 태도를 긍정적으로 평가했다. 해리스의 질문은 단순히 정보를 얻기 위한 것이 아니라 세션스가 책임을 회피하지 못하도록 압박하는 것이었다.

카멜라의 철저한 준비성과 날카로운 질문은 그녀의 능력을 부각시키고, 그녀가 중요한 정치적 인물로 부상하는 계기가 되었다. 2017년 제프 세션스 청문회에서 카멜라의 날카로운 질문과 세션스의 당황한 반응은 그녀의 정치적 경력에서 중요한 순간으로 남아 있다.

04
브렛 캐버노 청문회

2018년, 카멀라 해리스는 브렛 캐버노(Brett Kavanaugh) 대법원 지명자 청문회에서 그의 러시아 수사와 관련된 질문으로 다시 한번 화제의 인물이 되었다. 카멀라는 제프 세션스 청문회에서 보여준 날카로운 질문 전략을 반복하며 캐버노에게 로버트 뮬러(Robert Mueller) 특별검사의 수사에 대해 논의한 적이 있는지를 집중적으로 물었다.

이 사건은 카멀라의 강력한 질문 능력을 다시 한번 입증한 사례로, 그녀의 정치적 역량과 철저한 준비성을 보여주는 중요한 순간이었다.

브렛 캐버노는 도널드 트럼프 대통령에 의해 대법원 지명자로 추천되었다. 이 지명은 미국 정치계에서 큰 논란을 일으켰다. 특히 캐버노의 과거 행적과 그의 법적 입장에 대한 철저한 검증이 필요하다는 목소리가 높았다. 카멀라는 상원 법사위원회의 일원으로서 이 청문회에서 중요한 역할을 맡았다.

카멀라는 캐버노의 과거 판결과 그의 법적 입장을 면밀히 분석했다. 특히 러시아의 미국 대선 개입 수사와 관련된 그의 입장에 집중했다. 카멀라는 캐버노가 로버트 뮬러 특별검사의 수사와 관련하여 어떤 입장을 가지고 있는지, 이 수사에 대해 논의한 적이 있는지를 밝히고자 했다.

카멀라는 "법적 정의와 공정성을 확보하기 위해서는 대법관의 역할이 매우 중요합니다. 우리는 캐버노 지명자가 이 중요한 역할을 수행할 수 있는지 철저히 검증해야 합니다."라고 강조했다.

2018년 9월 5일, 상원 법사위원회는 브렛 캐버노를 대상으로 청문회를 열었다. 카멀라는 준비한 질문들을 가지고 캐버노에게 날카롭게 접근했다. 그녀의 질문은 캐버노의 과거 행적과 그의 법적 입장을 검증하며 시작되었다.

먼저 캐버노에게 로버트 뮬러 특별검사의 수사에 대해 논의한 적이 있는지 단호하게 물었다.

"캐버노 지명자님, 로버트 뮬러 특별검사의 수사와 관련하여 트럼프 대통령이나 그와 관련된 사람들과 논의한 적이 있습니까?"

캐버노는 질문에 당황하며 답변을 회피하려 했다. 그는 "제가 그 문제에 대해 논의한 적이 있는지 기억이 나지 않습니다"라고 답했다.

그러자 카멀라는 캐버노를 압박하며 계속해서 구체적인 답변을 요구했다.

"캐버노 지명자님, 기억이 나지 않는다는 말로는 충분하지 않습니다. 국민들은 이 문제에 대해 명확한 답변을 원하고 있습니다. 로버트 뮬러 특별검사의 수사와 관련하여 트럼프 대통령이나 그와 관련된 사람들과 논의한 적이 있습니까?"

카멀라의 끈질긴 질문은 캐버노를 점점 더 당황하게 만들었다. 그는 답변을 회피하려고 했지만, 카멀라는 그의 말을 끊고 계속해서 구체적인 답변을 요구했다. 카멀라의 이 같은 접근 방식은 캐버노를 더욱 곤란하게 만들었고, 그는 제대로 된 답변을 하지 못한 채 어려움을 겪었다. 카멀라는 다시 한번 캐버노를 압박했다.

"캐버노 지명자님, 제 질문에 명확하게 답변해 주시기 바랍니다. 로버트 뮬러 특별검사의 수사와 관련하여 구체적으로 어떤 논의를 하셨는지 말씀해 주시기 바랍니다."

캐버노는 답변을 주저하며 "제가 기억하는 한 특별검사의 수사에 대해 특정한 논의를 한 적이 없습니다. 그러나 저는 법무부의 규정에 따라 행동했습니다."라고 답했다.

카멀라는 캐버노의 답변이 모호하다는 점을 지적하며 다시 질문을 던졌다.

"캐버노 지명자님, 국민들은 이 문제에 대해 명확한 답변을 원하고 있습니다. 법무부의 규정에 따라 행동했다는 말로는 충분하지 않습니다. 구체적인 논의 내용에 대해 말씀해 주시기 바랍니다. 당신은 로버트 뮬러 특별검사의 수사에 대해 누구와 논의한 적이 있습니까? 이 방 안에 있는 누구와 논의한 적이 있습니까?"

그러자 캐버노는 카멀라의 질문에 다음과 같이 답했다.

"그 질문이 정확히 무엇을 의미하는지 명확히 해주실 수 있습니까? 저는 이 방 안에 있는 사람들과 특별검사의 수사에 대해 논의한 기억이 없습니다."

해리스는 그의 대답이 불충분하다고 판단하고 계속해서 질문을 이어갔다. 그녀는 캐버노가 뮬러 수사에 대해 논의한 적이 있는 사람들의 명단을 요청하며 그의 대답을 명확히 하고자 했다.

카멀라의 날카로운 질문은 청문회에서 큰 반향을 일으켰다. 캐버노의 당황한 모습과 그의 모호한 답변은 많은 사람들에게 깊은 인상을 남겼다. 카멀라의 강력한 질문력과 철저한 준비성은 많은 사람들에게 그녀의 정치적 역량을 다시 한번 입증하는 계기가 되었다.

카멀라의 질문은 단순히 캐버노를 압박하는 데 그치지 않고, 대법관의 역할과 책임에 대한 중요한 논의를 촉발했다. 그녀는 대법관의 역할이 국민의 신뢰를 받기 위해 얼마나 중요한지를 강조하며, 캐버노의 역할과 그의 진술이 이에 부합하지 않는다고 지적했다.

카멀라의 끈질긴 질문은 다른 상원의원들에게도 큰 영향을 미쳤다. 그녀의 접근 방식은 다른 의원들이 청문회에서 더욱 철저하고 날카롭게 질문할 수 있는 모범을 제시했다. 카멀라는 대법관의 공정성과 투명성을 확보하기 위해 끊임없이 노력하는 의원으로서의 이미지를 확립하게 되었다.

카멀라의 질문 장면은 청문회 이후 곧바로 소셜 미디어와 뉴스 매체를 통해 확산되었다. 이 사건은 카멀라의 강력한 질문 능력을 다시 한번 입증한 사례로, 그녀의 정치적 역량과 철저한 준비성을 보여주는 중요한 순간이었다.

05
열정적인 지지자들의 이야기

'팬덤정치'라는 말이 있는데 카멀라 해리스에게도 열정적 지지자들이 있다. 카멀라가 정치 무대에서 떠오를 때, 그녀를 열정적으로 지지하는 온라인 커뮤니티가 형성되었다. 이 그룹은 자신들을 "KHive"라 부르며 팝 스타 비욘세(Beyoncé)의 팬들이 자신들을 "Beyhive"라 부르는 것에서 영감을 받았다. KHive는 해리스의 정치적 경력을 지지하고, 그녀의 메시지를 널리 알리는 데 중요한 역할을 했다. KHive는 해리스가 2016년 상원의원 선거에 출마하면서 형성되기 시작했다. 초기에는 온라인 포럼과 소셜 미디어에서 해리스를 지지하는 사람들이 모여 정보를 공유하고 선거운동을 도왔다. 이들은 해리스의 진보적인 정책과 강력한 리더십을 지지하며 그녀의 정치적 메시지를 널리 알리기 위해 다양한 활동을 펼쳤다.

KHive의 초기 구성원들은 주로 카멀라의 정치적 이력과 그녀가 법무장관으로서 보여준 성과에 감명받은 사람들이었다. 이들은 카멀라가 상원의원으로서 더 큰 무대에서 그녀의 비전과 리더십을 발휘할 수 있기를 바랐다. KHive의 활동은 온라인과 오프라인에서 활발하게 이루어졌다. 이들은 해리스의 메시지를 널리 알리고, 그녀의 선거 캠페인을 지원하기 위해 다양한 활동을 펼쳤다.

KHive는 트위터, 페이스북, 인스타그램 등 다양한 소셜 미디어 플랫폼에서 해리스의 메시지를 홍보했다. 그들은 해리스의 정책과 입장을 설명하는 포스트를 올리고, 해시태그(#KHive)를 사용해 그녀의 캠페인을 널리 알렸다. 또한, 해리스에 대한 가짜 뉴스와 비판에 대해 적극적으로 반박하며, 그녀를 지지하는 목소리를 높였다.

예를 들어, 해리스가 형사사법개혁에 대한 입장을 설명하는 동영상을 올렸을 때, KHive는 이를 공유하고 동영상이 널리 퍼지도록 도왔다. 그들은 해리스의 정책이 어떻게 사회에 긍정적인 영향을 미칠 수 있는지에 대해 설명하며 많은 사람들의 지지를 얻었다.

KHive는 단순한 온라인 지지자 그룹을 넘어 해리스의 정치적 경력에 중요한 역할을 했다. 이들은 해리스가 어려운 순간에도 흔들림 없이 그녀를 지지하며, 그녀가 정치적 도전을 극복하는 데 도움을 주었다.

KHive는 카멀라의 상원의원 선거에서 중요한 역할을 했다. 이들의 열정적인 지지와 활동은 해리스의 캠페인에 큰 도움이 되었고, 그녀의 지지 기반을 넓히는 데 기여했다. 카멀라는 "KHive의 지지와 헌신은 저에게 큰 힘이 되었습니다. 여러분의 열정과 노력이 없었다면 오늘의 저는 없었을 것입니다."라고 감사의 뜻을 전하고, 이들의 열정과 헌신이 자신의 정치적 경력에 큰 힘이 되었다고 말했다.

KHive는 해리스의 상원의원 선거 이후에도 계속해서 활동을 이어갔다. 이들은 해리스의 정치적 경력을 지지하고, 그녀의 메시지를 널리 알리는 데 주력했다. KHive의 활동은 해리스가 부통령 후보로 지명된 이후에도 계속되었다.

2019년, 카멀라가 민주당 대선 경선에 출마했을 때, KHive는 그녀의 캠페인을 열정적으로 지지했다. 이들은 소셜 미디어에 카멀라의 정책을 홍보하고, 그녀에 대한 오해와 비판에 적극적으로 대응했다.

카멀라는 여러 차례 인종차별적인 공격을 받았는데, 특히 대선 경선에 출마했을 때 이러한 공격은 더욱 심해졌다. KHive는 이러한 공격에 대해 적극적으로 반박하며 카멀라를 방어했다.

일례로, 카멀라가 인종차별적인 비판을 받았을 때 KHive는 소셜 미디어에 해시태그를 사용해 그녀를 지지하는 메시지를 퍼뜨리고, 카멀라의 성과와 능력을 강조하며 인종차별적인 비판에 대해 강력히 반대했다. 이러한 활동은 카멀라가 정치적 어려움을 극복하고, 지지자들의 신뢰를 유지하는 데 큰 도움이 되었다.

트위터에서는 카멀라의 정책과 성과를 홍보하는 게시물을 작성하고, 그녀에 대한 가짜 뉴스와 오해를 바로잡는 활동을 했다. 이들은 카멀라의 연설과 인터뷰를 공유하고, 카멀라의 정책에 대한 지지를 표명하는 해시태그 캠페인을 전개했다.

페이스북과 인스타그램에서도 KHive는 카멀라의 사진과 동영상을 공유하며 그녀의 캠페인을 홍보했다. 이들은 카멀라의 주요 정책과 공약을 시각적으로 쉽게 이해할 수 있도록 인포그래픽을 제작하여 공유했다. 이러한 활동은 카멀라의 지지 기반을 넓히는 데 큰 도움이 되었다.

KHive는 온라인 포럼과 그룹을 통해 자원봉사자들을 조직화했다. 이들은 선거운동에 필요한 자원봉사자들을 모집하고, 그들에게 필요한 교육과 자료를 제공했다. 또한, KHive는 카멜라의 유세와 공개 행사에 참석하여 그녀를 지지하고, 그녀의 메시지를 널리 알리는 데 주력했다.

KHive의 구성원들은 각자의 지역에서 해리스의 캠페인을 지원하기 위해 자발적으로 조직화되었다. 이들은 유권자 등록 운동을 펼치고, 선거 당일에는 투표소에서 카멜라의 지지자들이 투표할 수 있도록 도왔다. 이러한 활동은 카멜라의 선거 캠페인에 큰 힘이 되었다.

카멜라 해리스를 열정적으로 지지하는 온라인 커뮤니티인 KHive는 그녀의 정치적 경력에서 중요한 역할을 했다. 이들은 카멜라의 메시지를 널리 알리고, 그녀에 대한 비판에 적극적으로 대응하며 지지했다. KHive의 활동은 카멜라가 정치적 도전을 극복하고 중요한 성과를 이루는 데 큰 기여를 했다.

06
트럼프의 당선과 새로운 싸움의 시작

2016년 선거의 밤, 카멀라 해리스는 상원의원에 당선되었지만 환호의 밤이 아니었다. 그녀는 도널드 트럼프의 대통령 당선 소식을 접하며 큰 충격을 받았다. 트럼프의 당선은 새로운 싸움의 시작을 의미했다.

트럼프는 여성 성폭행, 장애인 조롱, 인종 차별, 이민자 악마화, 전쟁 영웅과 골드스타 가족 공격, 언론에 대한 적대감, 심지어 증오까지 조장하는 등 품위와 진실성의 모든 경계를 넘나드는 정치인이었다. 카멀라는 트럼프의 당선이 그녀의 정치적 비전과 목표에 큰 도전을 의미한다고 느꼈다.

그날 밤, 카멀라는 지지자들과의 모임에서 마틴 루터 킹 주니어의 부인이자 민권운동의 상징적 인물인 코레타 스콧 킹(Coretta Scott King)의 말을 인용하며 모든 세대가 자유를 위해 싸워서 승리해야 한다는 것을 청중에게 상기시켰다.

"오늘 밤 우리는 역사를 만들었습니다. 그러나 이 승리는 단지 저의 승리가 아닙니다. 이 승리는 우리의 커뮤니티, 우리의 국가, 그리고 우리의 미래를 위한 승리입니다. 우리는 지금까지 많은 성취를 이루었지만, 우리의 싸움은 끝나지 않았습니다. 우리는 앞으로도 계속해서 자유와 정의를 위해 싸워야 합니다. 코레타 스콧 킹 여사는 말했습니다. '자유는 결코 한 세대에 의해 완전히 성취될 수 없습니다. 모든 세대가 자유를 위해 싸워서 승리해야 합니다.' 그렇습니다. 시민권과 정의, 평등을 위한 이 싸움의 본질은 우리가 얻는 것이 무엇이든 영구적이지 않다는 것입니다. 따라서 우리는 경계를 늦추지 말아야 합니다. 저는 여러분을 위해 그리고 우리의 미래를 위해 일할 것입니다. 우리는 형사사법시스템을 개혁하고 환경을 보호하며, 경제적 기회를 확대할 것입니다. 우리는 모두가 평등한 기회를 가질 수 있는 나라를 만들기 위해 최선을 다할 것입니다."

그날 밤, 카멀라는 지지자들에게 "우리는 싸워야 한다"고 말하며, 트럼프 행정부의 여러 정책들에 맞서 싸울 것을 다짐했다. 카멀라는 정확히 앞으로 어떤 일이 일어날지 몰랐다. 하지만 한 가지 분명한 것은 모두가 강인하게 뭉쳐야 한다는 것이었다. 이제부터 시작될 싸움에 관한 것이었다.

07
트럼프 행정부의 정책을 질타하다

카멀라 해리스는 트럼프 행정부의 여러 정책을 강하게 비판하며, 이들이 미국의 기본적인 가치와 이상을 훼손한다고 주장했다. 그녀는 백인 우월주의자들과의 동맹, 독재자들과의 가까운 관계, 그리고 인권 침해 정책에 대해 비판의 목소리를 높였다. 그녀는 특히 이민자 가족 분리 정책, 기업과 부유층을 위한 세금 감면, 중산층을 무시하는 정책들에 대해 강하게 비판하면서 이를 바로잡기 위해 싸울 것을 다짐했다.

우선, 백인 우월주의와의 동맹을 비판했다. 트럼프 행정부가 백인 우월주의자들과의 관계를 유지하며 그들의 사상을 방관하거나 심지어 지지하는 행태를 보여왔다는 점을 지적했다. 그녀는 이러한 행위가 미국 사회의 다양성과 평등을 위협한다고 강조했다.

구체적인 사례로, 샬롯빌 폭력 사태에 대한 트럼프의 양비론을 적극 비판하고 나섰다. 샬롯빌 폭력 사태란 2017년 8월 12일 미국 버지니아주 샬롯빌에서 일어난 '대안 우파'와 KKK단, 데일리 스토머 등 백인 우월주의 단체와 네오 나치 단체들의 '우파여 결집하라(Unite the right)' 행진 중에 벌어진 사건이다.

남북전쟁 시기 남부연합 북버지니아군의 장군이었던 로버트 E. 리의 동상을 철거하기로 결정하자, 한 백인 시위자가 반대 집회 현장에 차를 몰고 돌진하여 사망 1명, 부상 16명이 발생했다. 이 사건을 두고 트럼프 대통령이 양쪽 모두 잘못이 있다는 발언을 하자 카멀라는 명백히 인종차별을 묵인하는 태도라고 주장했다.

둘째, 독재자들과 가까운 관계를 갖고 있는 트럼프를 비판했다. 특히 러시아 블라디미르 푸틴 대통령과의 관계를 문제 삼았으며, 트럼프 대통령이 푸틴 대통령과의 정상회담에서 미국 정보기관의 판단을 부정하는 발언을 한 것을 지적했다. 이런 태도는 미국의 외교적 신뢰를 손상시키고, 독재자들에게 잘못된 신호를 보내는 것이라고 주장했다.

셋째, 인권 침해 정책을 비판했다. 특히 이민자 가족 분리 정책을 지적하며 이 정책은 비인도적이고 비도덕적인 행위라고 비판했다. 그녀는 수천 명의 아이들이 부모와 강제로 분리되어 고통받고 있는 상황을 언급하며, 미국의 인권에 대한 헌신에 반하는 행위라고 했다.

넷째, 트럼프 행정부의 경제정책이 부유층과 기업에게 유리하게 작용하며 중산층과 서민을 무시한다고 비판했다. 구체적으로, 2017년 통과된 감세 법안을 언급하며 이는 부자들에게 큰 혜택을 주고 중산층에게는 실질적인 혜택이 거의 없다고 주장했다. 그녀는 이러한 경제정책이 소득 불평등을 더욱 심화시키고 사회적 불안을 초래한다고 경고했다.

카멀라는 트럼프 행정부의 이러한 정책들이 미국의 기본적인 가치와 이상에 반한다고 주장하며 이를 바로잡기 위해 싸울 것을 다짐했다. 그녀는 미국이 더 나은 미래를 위해 평등과 정의, 인권을 지켜야 한다고 줄기차게 강조했다.

08
카멀라 해리스의 이민자 보호 정책

카멀라 해리스는 트럼프 행정부의 반이민 정책에 강하게 반대하며 이민자 권리를 보호하기 위한 활동을 펼쳐나갔다. 그녀는 트럼프 행정부의 정책이 수백만 명의 미국 어린이들에게 해를 끼치고 있다고 주장하며 이민자 가족들의 고통을 직접 목격하고 이를 바로잡기 위해 싸웠다. 특히, 가족들이 분리되는 상황에서의 정부의 대응이 비효율적이고 비인간적이라고 비판했다.

카멀라는 상원의원으로 재직하며 이민자 보호를 위한 다양한 법안을 추진했다. 그녀는 DACA(Deferred Action for Childhood Arrivals) 프로그램을 지지하며, 이민자들이 미국에서 안전하게 생활할 수 있도록 노력했다. 그녀는 드리머(Dreamers)라고 불리는 청소년추방 유예프로그램(DACA) 수혜자들의 불안정한 상황을 언급하며 이들이 미래에 대한 불확실성 속에서 고통받고 있다고 강조했다. 카멀라는 드리머들이 미국 사회에 기여하는 중요한 구성원임에도 불구하고, 이민정책의 희생양이 되고 있다고 주장했다.

특히, 트럼프 행정부의 가족 분리 정책을 비판했다. 이러한 정책이 비인도적이며 수천 명의 어린이들이 부모와 강제로 분리되는 상황을 초래했다고 지적했다. 카멀라는 2018년 국경 지역을 방문하여 이민자 수용시설에서 부모와 분리된 아이들의 처참한 상황을 목격한 경험을 바탕으로 정부의 대응이 비효율적이고 비인간적이라고 비판했다. 그녀는 이 정책이 어린이들의 정신적, 정서적 건강에 심각한 영향을 미치고 있다고 강조했다.

또한, 트럼프 행정부 하의 이민자 수용시설의 열악한 환경을 문제 삼았다. 그녀는 이러한 시설이 인간의 기본적인 존엄성을 무시하고 있으며 이민자들이 기본적인 생활필수품조차 부족한 상황에 처해 있다고 지적했다.

카멀라는 법안 추진뿐만 아니라 이민자 권리를 보호하기 위한 다양한 활동을 펼쳤다. 그녀는 이민자 가족의 재결합을 위해 법적 지원을 제공하고, 이민자 커뮤니티와의 연대를 강화하기 위해 온갖 노력을 경주하면서 이렇게 강조했다.

"이민자들은 이 나라의 중요한 일원입니다. 우리는 그들을 보호하고, 그들이 안전하게 살 수 있도록 해야 합니다. 우리는 이민 시스템을 개선하고, 그들의 권리를 보장해야 합니다."

제8장
첫 여성, 첫 흑인, 첫 아시아계 부통령

01 2020년 민주당 대선 후보 경선에 나서다

02 캠페인의 마무리

03 카멀라 해리스의 조 바이든 지지 선언

04 조 바이든의 러닝메이트 지명

05 고등학교 시절 친구 케이건과의 이야기

06 부통령 후보 토론

07 첫 여성, 첫 흑인, 첫 아시아계 부통령의 탄생

08 부통령 취임식

09 위키피디아 페이지 수정으로 본 카멀라 해리스

10 요리 애호가로서의 카멀라 해리스 이야기

11 부통령으로서의 첫해

12 부통령으로서의 업적

01
2020년 민주당 대선 후보 경선에 나서다

앞서 살펴보았듯이 카멀라 해리스는 캘리포니아주 법무장관과 상원의원으로서 성공적인 경력을 쌓아왔다. 그녀는 형사사법개혁, 환경 보호, 이민 정책, 그리고 여성과 소수자 권리 보호 등 다양한 분야에서 두각을 나타내며 전국적으로 주목받는 정치인으로 성장했다. 이러한 경력을 바탕으로 2020년 대선 출마를 결심했다.

2019년 1월 21일, 카멀라 해리스는 마틴 루터 킹 주니어의 생일에 맞춰 대통령 경선 출마를 공식 선언했다.

"저는 정의와 공정성을 실현하기 위해 대통령에 출마합니다. 우리 모두가 평등하게 기회를 가질 수 있는 나라를 만들기 위해 최선을 다할 것입니다."

카멀라의 초기 캠페인은 많은 주목을 받았다. 그녀는 샌프란시스코에서 열린 첫 유세에서 수천 명의 지지자들을 모으며 화려하게 시작했다.

2019년 6월 27일, 카멀라는 민주당 대선 후보 경선 토론에 나서며 중요한 정치적 순간을 맞이했다. 카멀라는 첫 경선 토론에서 조 바이든을 강하게 비판하며 큰 주목을 받았다. 민주당 경선 토론은 여러 후보들이 자신들의 정책과 비전을 유권자들에게 전달하는 중요한 무대였다.

카멀라는 민주당 경선 토론에 철저히 준비했다. 그녀는 자신의 법무장관과 상원의원 경력을 바탕으로 강력한 리더십과 정책 비전을 제시하려 했다. 캠페인 팀은 그녀가 토론에서 주도권을 잡고 강력한 메시지를 전달할 수 있도록 준비했다.

카멀라는 특히 인종 문제와 교육 문제에 초점을 맞추었다. 그녀는 조 바이든이 1970년대의 '버싱(busing) 정책'을 반대했던 것을 비판할 계획이었다. 버싱은 인종 통합을 촉진하기 위해 학생들을 다른 지역 학교로 버스로 이동시키는 통합 교육정책인데, 카멀라는 자신의 개인적인 경험을 바탕으로 바이든의 입장을 반박했다.

"캘리포니아에 한 작은 소녀가 있었습니다. 그 소녀는 학교 통합의 두 번째 학급에 속해 있었습니다. 그리고 그녀는 매일 버스를 타고 학교에 갔습니다. 조 바이든 후보님, 당신은 이 정책을 반대하셨습니다. 저는 그때 버스를 타고 학교에 다녔던 그 작은 소녀였습니다."

이 발언은 바이든의 과거 발언과 정책을 직접적으로 겨냥한 것이었다. 카멀라는 바이든이 과거에 학교 통합을 위해 지역 간 버스 통학을 반대했던 것을 지적했고, 그것은 많은 흑인 학생들에게 불이익을 주었다고 주장했다.

바이든은 카멀라의 발언에 대해 방어적인 태도를 보였다. 그는 자신의 과거 정책을 변호하며, 자신이 인종 차별주의자가 아니라고 강조했다. 바이든은 이렇게 답했다.

"제가 한 일은 지역 정부가 아닌 연방 정부가 강요하는 것을 반대한 것입니다. 저는 그때도, 지금도 인종 차별주의자가 아닙니다."

그러나 카멀라의 강력한 발언은 청중과 시청자들에게 깊은 인상을 남겼다. 카멀라의 발언은 곧바로 화제가 되었고, 소셜 미디어에서 널리 퍼졌으며, 카멀라의 지지율은 일시적으로 급등했다. 카멀라의 비판은 단순히 바이든을 공격하는 데 그치지 않았다. 그녀는 자신의 정책 비전을 제시하며, 교육과 인종 문제에 대한 구체적인 계획을 설명했다. 카멀라는 토론 후 인터뷰에서 이렇게 말했다.

　"저는 제가 옳다고 믿는 것을 말했습니다. 이는 저와 많은 미국인들에게 중요한 문제입니다. 우리는 모든 아이들이 평등한 교육 기회를 가질 수 있도록 해야 합니다. 저는 대통령이 되면 이러한 목표를 실현하기 위해 노력할 것입니다."

　토론 직후, 카멀라의 지지율은 크게 상승했다. CNN 여론 조사에 따르면, 카멀라 해리스의 지지율은 토론 전 8%에서 토론 후 17%로 상승했다. 이 시기 카멀라는 주요 민주당 후보 중 하나로 부상했다. 그녀는 토론 후 몇 주 동안 주요 뉴스 매체의 헤드라인을 장식하며 대선 후보로서의 존재감을 확고히 했다.

　카멀라의 지지율은 토론 후 일시적으로 상승했지만, 그 이후 여러 가지 도전에 직면했다. 그녀의 캠페인은 자금 부족, 조직의 혼란, 그리고 정책 메시지의 일관성 부족 등으로 어려움을 겪었다. 또한 카멀라는 구체적인 정책 제안보다 감정적인 호소에 더 의존한다는 비판을 받았다. 하지만 카멀라는 이에 굴하지 않고 캠페인 과정에서 여러 주요 이슈에 대해 대응하려 노력했다.

02
캠페인의 마무리

2019년 12월 3일, 카멀라 해리스는 자금 부족과 지지율 하락 등의 이유로 대선 후보 경선에서 사퇴했다. 이는 아이오와 코커스(Iowa caucuses)를 한 달 앞두고 이루어진 결정으로, 캠페인의 재정적 어려움과 낮은 지지율, 그리고 내부 혼란이 주요 원인이었다.

초기에는 많은 기부금을 모았지만, 시간이 지남에 따라 모금에 어려움을 겪었다. 따라서 대규모 조직을 유지하기 위한 자금이 부족했고, 이는 캠페인의 지속 가능성에 의문을 제기하게 만들었고, 결국 그녀의 대선 출마를 좌절시키는 요인이 되었다.

그녀는 선거 캠페인을 지속할 수 있는 재정적 여력이 부족하다는 점을 언급하며 지지자들과 캠페인 직원들에게 감사의 말을 전했다.

"저는 깊은 고민 끝에 대선 후보 경선 캠페인을 종료하기로 결정했습니다. 우리는 우리의 목소리를 들려주었고, 많은 이들에게 영감을 주었습니다. 저는 우리 미국을 위해 계속해서 싸울 것입니다. 우리는 앞으로도 많은 일을 해야 합니다."

카멀라 해리스 캠페인의 가장 큰 문제 중 하나는 자금 부족이었다. 잘 알다시피 미국 대선 캠페인은 막대한 자금을 필요로 한다. 카멀라 해리스는 주요 경쟁자들에 비해 상대적으로 덜 알려져 있었고 그런 탓에 기부금을 모금하는 데 어려움을 겪었다. 특히 초기의 높은 기대와 달리 지지율이 하락하면서 기부자들의 관심도 줄어들었다.

카멀라의 지지율 하락은 여러 가지 요인이 있었다.

첫째, 그녀의 정책 비전이 명확하지 않다는 비판이 제기되었다. 카멀라는 형사사법개혁, 환경 보호, 경제 불평등 해소 등을 주요 공약으로 내세웠지만, 구체적인 실행 계획과 세부 사항이 부족하다는 지적을 받았다. 그것은 유권자들 사이에서 카멀라의 정책 비전에 대한 의문을 불러일으켰다.

둘째, 선거캠프 조직의 문제도 지지율 하락의 원인이었다. 카멀라의 캠페인 팀은 내부적으로 혼란을 겪었다. 직원들은 갑작스럽게 해고를 당했고, 그녀의 여동생 마야 해리스(Maya Harris)가 너무 많은 영향력을 행사한다고 비판했다.

카멀라의 여동생 마야는 선거캠프에서 중요한 역할을 맡았는데 그것이 내부적으로 논란을 일으켰다. 일부 직원들은 마야가 캠페인에 과도하게 영향을 미쳐, 카멀라의 의사결정에 부정적인 영향을 미친다고 주장했다. 한 내부 관계자는 이렇게 말했다.

"마야 해리스가 캠페인의 많은 부분을 좌지우지했습니다. 이는 캠프의 방향성과 의사결정에 혼란을 가져왔습니다."

내부 문서가 유출되면서 캠프의 혼란이 외부에 드러났고, 그것은 카멀라의 이미지에 부정적인 영향을 미쳤다.

카멀라 해리스의 사퇴 결정은 많은 이들에게 충격을 주었지만, 그녀는 이를 통해 자신의 정치적 미래를 재정비할 수 있는 기회를 마련했다. 카멀라의 지지자들은 그녀의 결정에 대해 실망감을 표하면서도, 그녀의 정치적 미래를 응원했다. 그들은 카멀라가 정치 무대에서 중요한 역할을 계속해서 수행할 것이라고 믿었다.

반면, 비판자들은 해리스의 선거캠프 운영 방식을 문제 삼으며, 내부 혼란과 재정적 어려움이 그녀의 리더십 부족을 드러낸 것이라고 주장했다. 한 비판자는 이렇게 말했다.

"해리스의 캠프는 내부 혼란과 재정적 어려움으로 인해 실패했습니다. 이는 그녀의 리더십 부족을 보여줍니다."

어쨌거나 카멀라 해리스의 대선 후보 경선 캠페인 종료는 그녀의 정치적 경력에서 중요한 이정표로 남았다. 사퇴 이후, 해리스는 상원의원으로서의 역할에 더욱 집중하며 다양한 입법 활동을 펼쳤다.

03
카멀라 해리스의 조 바이든 지지 선언

2020년 3월 3일, 캘리포니아 프라이머리가 진행되었고, 바이든은 중요한 승리를 거두며 민주당 대선 후보 지명 가능성을 높였다. 카멀라 해리스는 캘리포니아 프라이머리 이후 6일 만에 바이든을 지지하는 성명을 발표했다. 2020년 대통령 선거 경선에서 카멀라 해리스는 조 바이든에 대한 지지를 늦게 발표한 것으로 많은 주목을 받았다. 카멀라는 경선에서 여성 후보들이 모두 사퇴하고 바이든의 지명이 확실해진 후, 그의 지지를 공식적으로 선언한 것이다. 이 결정은 해리스의 정치적 전략과 신중함을 보여주는 중요한 순간이었다.

카멀라는 2019년 12월 대선 후보 경선에서 중도 하차한 이후, 민주당 후보들 간의 경쟁을 지켜보며 자신의 지지 선언을 전략적으로 고려했다. 그녀는 여성 후보들이 모두 사퇴하고, 바이든의 지명이 확실해진 시점에서 지지 선언을 결정했다.

카멀라가 지지 선언을 하기 전에 엘리자베스 워렌(Elizabeth Warren), 에이미 클로부차르(Amy Klobuchar), 그리고 툴시 개버드(Tulsi Gabbard) 등 주요 여성 후보들이 모두 경선에서 사퇴했다. 이에 따라 카멀라는 더 이상 여성 후보들 사이에서 선택할 필요가 없게 되었다.

카멀라는 바이든을 지지하며 다음과 같이 말했다.

"조 바이든은 우리를 하나로 묶을 수 있는 지도자입니다. 그는 우리의 가치를 공유하며, 우리의 미래를 위해 싸울 준비가 되어 있습니다."

카멀라는 또한 바이든이 모든 미국인을 위한 대통령이 될 수 있다고 강조하며, 그의 리더십이 필요한 시점이라고 덧붙였다.

카멀라의 지지 선언은 바이든 캠프에 중요한 의미를 제공했다. 해리스는 민주당 대선 후보 경선 초기부터 강력한 후보로 주목받았으며, 그녀의 지지는 바이든의 지명 확정을 더욱 확고히 하는 데 기여했다. 또한, 해리스는 흑인 여성 유권자들 사이에서 높은 지지를 받고 있었기 때문에, 그녀의 지지 선언은 바이든이 다양한 유권자 층에서 지지를 확대하는 데 도움이 되었다.

바이든은 카멀라의 지지 선언에 대해 깊은 감사를 표하며, 그녀의 지지가 자신의 선거 캠페인에 큰 도움이 될 것이라고 언급했다. 그는 카멀라를 강력한 동료이자 지도자로 칭찬하며 함께 일할 것을 기대한다고 밝혔다.

"카멀라 해리스는 강력한 지도자이며, 그녀의 지지는 우리 캠프에 큰 힘이 될 것입니다. 함께 우리는 미국을 더 나은 미래로 이끌 것입니다."

카멀라의 지지 선언은 다양한 반응을 불러일으켰다. 많은 민주당 지지자들은 카멀라의 결정을 환영하며, 그녀의 지지가 바이든의 승리를 더욱 확고히 할 것이라고 기대했다.

해리스의 지지자들은 그녀의 결정을 환영하며, 바이든과 카멀라가 함께 미국을 이끌어 갈 것을 기대했다. 그들은 두 사람의 협력이 민주당의 승리에 큰 기여를 할 것이라고 믿었다.

한 지지자는 이렇게 말했다.

"카멀라 해리스의 지지 선언은 매우 중요한 순간입니다. 그녀와 바이든이 함께 일하며, 미국을 더 나은 방향으로 이끌어 갈 것입니다."

일부 진보적인 유권자들은 해리스의 지지 선언이 너무 늦었다고 비판했다. 그들은 해리스가 더 일찍 지지 선언을 했더라면, 더 많은 유권자들이 그녀의 결정을 지지했을 것이라고 주장했다. 한 비판자는 이렇게 말했다.

"해리스의 지지 선언이 너무 늦었습니다. 그녀가 좀 더 일찍 지지 선언을 했더라면, 더 많은 유권자들이 그녀의 결정을 지지했을 것입니다."

카멀라 해리스의 조 바이든 지지 선언은 2020년 대선 경선에서 중요한 순간으로 남아 있다. 그녀는 여성 후보들이 모두 사퇴하고, 바이든의 지명이 확실해진 시점에서 지지 선언을 하여 전략적으로 중요한 결정을 내렸다.

04
조 바이든의 러닝메이트 지명

2020년 8월 11일, 조 바이든은 카멀라 해리스를 자신의 러닝메이트로 지명한다고 공식 발표했다. 카멀라는 미국 역사상 첫 여성, 첫 흑인, 첫 아시아계 부통령 후보로 지명되며 다시 한 번 큰 주목을 받았다. 이 순간은 미국 정치사에서 중요한 전환점을 나타내었으며, 카멀라 해리스의 정치 경력에 있어서도 큰 전환점이 되었다.

조 바이든은 민주당의 대선 후보로 확정된 후, 러닝메이트를 선택하는 과정에서 많은 모색을 했다. 바이든은 러닝메이트로서 강력한 리더십과 다양한 배경을 가진 인물을 찾았다. 특히, 미국 사회의 다양성을 대표할 수 있는 인물을 선택하는 것이 중요했다. 카멀라 해리스는 이러한 기준에 완벽히 부합하는 인물이었다. 바이든은 카멀라가 경선토론에서 자신을 강력하게 비판했음에도 불구하고 그녀를 선택했다.

바이든과 카멀라 사이는 악연보다는 선한 분위기를 많이 연출한 바 있다. 카멀라가 상원의원 선거에 임했을 때 바이든은 캘리포니아까지 날아와서 지지 연설을 했었다. 조 바이든 당시 부통령은 해리스의 정치적 경로와 정책 비전에 깊은 공감을 표명했다. 그는 해리스의 리더십과 헌신을 높이 평가하며, 그녀가 상원의원으로서 큰 변화를 이끌어낼 것이라고 확신했다.

바이든이 지지 연설을 하는 캘리포니아주의 한 대형 홀은 지지자들로 가득 찼다. 바이든은 무대에 올라 뜨거운 환호 속에서 연설을 시작했다.

"여러분, 오늘 우리는 이곳에 카멀라 해리스를 지지하기 위해 모였습니다. 그녀는 우리의 미래를 위해 중요한 역할을 할 것입니다. 카멀라 해리스는 준비된 리더이며, 우리나라를 앞으로 나아가게 할 강력한 파트너입니다. 카멀라는 형사사법개혁을 통해 우리 사회의 공정성을 높였습니다. 그녀는 범죄 예방과 피해자 보호를 위해 많은 노력을 기울였고, 이는 캘리포니아주에 큰 변화를 가져왔습니다. 카멀라는 우리 모두를 위한 공정한 경제를 만들기 위해 노력할 것입니다. 그녀는 환경 보호를 위해 강력한 정책을 추진하고, 모든 아이들이 양질의 교육을 받을 수 있도록 할 것입니다."

바이든의 지지 연설은 해리스의 선거 운동에 큰 영향을 미쳤고 역사적인 승리를 거두었다. 카멀라 해리스와 조 바이든의 관계는 정치적 여정에서 서로를 지원하며 선한 분위기를 연출한 정치사의 좋은 사례 중 하나다.

거기에 바이든이 카멀라를 애정하게 된 다른 사연도 있다. 카멀라는 바이든의 아들 보 바이든과 각별한 우정을 나누는 사이였다. 캘리포니아 검찰총장 시절, 카멀라에게는 동지가 있었는데, 바이든의 아들 보 바이든(Beau Biden) 델라웨어주 검찰총장이었다.

카멀라는 "비난에 시달릴 때 보와 나는 매일, 때로는 하루에도 여러 번 이야기를 나누었다. 우리는 서로에게 든든한 버팀목이었다."라고 말했다. 그런데 카멀라와 보 바이든 사이는 계속 이어지지 못했다. 2015년 보 바이든이 뇌암 진단을 받으면서 두 사람의 관계는 끝이 나고 말았다.

보 바이든은 뇌암 치료를 받으며 병마와 싸웠지만, 그는 2015년 5월 30일, 46세의 나이로 세상을 떠났다. 조 바이든은 카멜라를 부통령 러닝메이트로 지명하면서 카멜라와 아들과의 우정을 언급했다.

카멜라는 부통령 후보 지명 발표 후 첫 연설에서 이렇게 말하며 강력한 지지를 호소했다.

"조 바이든과 함께 우리는 더 나은 미국을 만들기 위해 노력할 것입니다. 우리는 모든 사람에게 공정한 기회를 제공하고, 정의와 평등을 실현하기 위해 싸울 것입니다."

그녀의 연설은 많은 사람들에게 깊은 인상을 남겼으며, 민주당 지지자들 사이에서 큰 환영을 받았다.

카멜라는 부통령 후보로 지명된 이후, 전국을 다니며 유세 활동을 펼쳤다. 그녀는 바이든과 함께 여러 주를 방문하며 유권자들과 직접 소통하고, 바이든-해리스 캠프의 정책과 비전을 설명했다. 카멜라는 특히 여성, 소수자, 청년층 유권자들에게 큰 호응을 얻었으며, 그녀의 유세 활동은 많은 이들에게 호응을 받았다.

카멜라는 유세 활동에서 형사사법개혁, 환경 보호, 경제 불평등 해소, 건강보험개혁 등을 주요 주제로 삼았다. 그녀는 자신의 정치 철학을 일관되게 강조하는 연설을 했다.

"우리는 모든 미국인이 공정한 기회를 가질 수 있는 나라를 만들어야 합니다. 이를 위해 우리는 형사사법개혁을 실현하고, 지속 가능한 환경을 만들며 경제적 기회를 확대할 것입니다."

그녀는 또한 여성과 소수자들의 권리 보호를 위한 정책을 강조했다.

"여성의 권리는 인권입니다. 우리는 모든 여성이 자신의 건강과 권리를 보호받을 수 있도록 할 것입니다. 또한, 소수자들이 평등한 대우를 받을 수 있도록 싸울 것입니다."

05
고등학교 시절 친구 케이건과의 이야기

카멀라 해리스의 인생에는 많은 중요한 순간들이 있었지만, 그녀의 고등학교 시절 친구 완다 케이건과의 이야기는 그녀의 인생에 깊은 영향을 미친 하나의 사례다.

카멀라는 몬트리올에서 고등학교에 다닐 때 완다 케이건과 가장 친했지만 졸업 후 연락이 끊겼다. 2005년, 카멀라가 샌프란시스코 검사장으로서 많은 주목을 받으며 〈오프라 윈프리 쇼〉에 출연해서 인터뷰하는 방송을 본 케이건이 카멀라에게 전화를 걸었다.

"카멀라, 나야, 완다. 우리 오랜 친구였잖아."

카멀라는 완다 케이건의 전화를 받고 매우 기뻐하며, 두 사람은 다시 만나게 되었다. 두 사람은 카멀라, 마야, 샤말라와 케이건이 같이 살던 시기를 포함해 함께 나눈 추억과 지난 일을 회상하며 오랜 시간 대화를 나눴다. 당시 케이건은 가정 학대를 피해 집에서 나와 있었다. 카멀라는 친구에게 도움을 주기로 했다. 케이건에게 "우리 집으로 가자"라고 말하며, 그녀를 집으로 데리고 갔다.

카멀라와 케이건은 학교에서뿐만 아니라, 집에서도 많은 시간을 함께 보냈다. 어머니 샤말라 는 두 딸을 홀로 키우며 많은 어려움을 겪었지만, 케이건을 또 다른 자식처럼 따뜻하게 대해 주었다.

카멀라는 조 바이든의 러닝메이트가 된 후, 하나의 영감이 떠올라서 친구 완다 케이건에게 연락을 취했다. 카멀라는 케이건에게 그녀의 어려웠던 시절 이야기를 공개할 수 있는지 허락을 구했다.

"친구야 이건 내가 너를 정치적으로 이용하려는 것은 아니야. 다만 우리 시대에 사라져가는 휴머니즘을 깨우치기 위한 것이야. 네가 싫다면 어쩔 수 없지만 문득 아이디어가 떠오른 순간, 우리의 우정을 알리고 싶어졌어."

케이건은 조금도 망설이지 않고 카멀라의 요청을 받아들였다.

2020년 9월 23일, 카멀라는 트위터에 고등학교 시절 친구에 대한 이야기를 회상하는 영상을 올렸다. 그녀는 친구의 이름을 언급하지 않았다.

"고등학교 다닐 때, 슬픈 표정으로 학교에 와서 집에 가고 싶어 하지 않는 친구가 있었어요. 저는 그 친구에게 다가가서 물었죠. 그러자 그 친구가 집에서 학대를 당하고 있다고 고백했어요. 그때 저는 아무 생각 없이 친구에게 '우리 집에 가자'라고 말했죠."

카멀라는 영상에서 "그녀가 겪고 있는 고통을 보고 검사가 되고 싶었어요."라고 말했다.

이 이야기는 많은 사람들에게 감동을 주었고 해리스의 인간적인 면과 그녀가 정의와 공정성을 위해 싸우는 이유를 보여주었다.

2020년 11월 3일, 선거가 불과 이틀 전, 완다 케이건은 고등학교 시절과 가장 어두웠던 시기를 헤쳐 나가는 데 도움을 준 친구를 회상했다.

"해리스는 미국이 내릴 수 있는 최고의 선택이에요. 그녀는 지금도, 그리고 항상 최고였어요."라고 말했다. 케이건의 말은 카멀라 해리스에 대한 그의 깊은 신뢰와 지지를 보여주었고 많은 사람들에게 감동을 주었다. 케이건은 이렇게 회상했다.

"카멀라는 항상 정의와 공정성을 위해 싸우는 사람이었습니다. 그녀는 항상 옳은 일을 위해 싸웠고 사람들을 돕기 위해 할 수 있는 모든 것을 했습니다. 그녀는 제가 가장 어두웠던 시기에 저를 위해 거기에 있었고, 저는 그녀를 진정한 친구라고 부를 수 있어 자랑스럽습니다."

카멀라 해리스의 고등학교 시절 경험은 그녀의 정치적 경로에 큰 영향을 미쳤다. 친구 완다 케이건과의 경험은 그녀가 법률과 정치에 대한 열정을 가지게 된 계기 중 하나였다. 그녀는 검사가 되어 정의와 공정성을 실현하기 위해 노력했고, 나중에는 정치적 길을 통해 더 많은 사람들을 돕고 싶어 했다.

이 소식은 많은 사람들에게 큰 반향을 일으켰고, 해리스의 인생과 경력에 대한 많은 이야기가 주목을 받았다.

카멀라 해리스와 완다 케이건의 우정은 현재에도 여전히 강하게 이어지고 있다. 두 사람은 서로의 삶에서 중요한 역할을 하며, 서로에게 영감을 주고받고 있다. 카멀라는 완다의 이야기를 통해 정의와 공정성에 대한 열정을 키웠고, 이는 그녀의 법률 경력과 정치 경로에 큰 영향을 미쳤다.

완다는 카멀라의 성공을 보며 자신도 새로운 도전을 시작할 용기를 얻었다. 그녀는 "카멀라, 너의 이야기는 나에게 큰 영감을 줬어. 나도 이제 새로운 도전을 시작할 거야."라고 말하며, 자신의 새로운 목표를 세웠다.

카멜라 해리스와 완다 케이건의 이야기는 우정과 헌신, 그리고 서로에게 선한 영향력을 보여주는 감동적인 사례다.

06
부통령 후보 토론

2020년 10월 7일, 카멀라 해리스는 공화당의 마이크 펜스와 열띤 부통령 후보 토론을 가졌다.

카멀라는 부통령 후보 토론에서도 강한 모습을 보여주기 위해 철저히 준비했다. 그녀는 바이든 캠프 팀과 함께 다양한 시나리오를 검토하고, 예상 질문에 대한 답변을 준비했다. 그녀는 자신의 강점을 최대한 부각시키고, 상대 후보인 마이크 펜스와의 차별점을 강조하는 전략을 세웠다.

카멀라는 특히 형사사법개혁, 환경 보호, 경제 불평등 해소 등의 주제에 대해 깊이 있는 준비를 했다. 그녀는 상원의원으로서의 경험과 법무장관으로서의 경력을 바탕으로 구체적인 정책을 제시할 계획이었다.

이 토론은 솔트레이크시티의 유타 대학교에서 열렸으며, 미국 전역에서 수백만 명의 시청자들이 이 토론을 지켜보았다.

"우리는 국민들을 위한 정부를 만들 것입니다. 우리는 모든 사람이 공정한 기회를 가질 수 있도록 할 것입니다."

토론이 시작되자 카멀라는 첫 번째 주제로 형사사법개혁을 다루었다. 그녀는 트럼프 행정부의 형사사법정책을 강하게 비판하며, 바이든-해리스 캠프의 형사사법개혁 방안을 제시하며 단호하게 말했다.

"형사사법시스템은 공정하고 투명해야 합니다. 우리는 경찰의 책임성을 강화하고, 재범 방지 프로그램을 확대해야 합니다."

그녀는 또한 트럼프 행정부의 정책을 비판하며, 바이든-해리스 캠프의 비전을 강조했다.

마이크 펜스는 트럼프 행정부의 형사사법정책을 옹호하며, 해리스의 비판에 반박하려 했다. 그러나 카멀라는 강력한 논리와 구체적인 사례를 통해 자신의 주장을 뒷받침하며, 펜스의 주장을 효과적으로 반박했다. 그녀는 자신의 경력과 정책 비전을 바탕으로 상대 후보인 마이크 펜스를 제압하며 강력한 논리를 펼쳤다.

"우리는 모든 사람이 법 앞에서 평등하게 대우받는 사회를 만들어야 합니다. 트럼프 행정부는 그것을 이루지 못했습니다. 우리는 국민들을 위해 일하는 리더십이 필요합니다. 조 바이든과 저는 여러분의 목소리를 대변하고, 여러분의 권리를 보호할 것입니다."

그녀의 설득력 있는 발언은 마이크 펜스를 압도했고 시청자들에게 깊은 인상을 남겼다.

카멀라는 경제 불평등 해소에 대한 주제에서도 강력한 입장을 표명했다. 그녀는 트럼프 행정부의 경제 정책 실패를 지적하면서 바이든-해리스 캠프의 경제 정책을 구체적으로 설명하면서 중산층과 저소득층을 위한 다양한 지원 방안을 제시했다.

"모든 미국인이 공정한 경제적 기회를 가질 수 있어야 합니다. 우리는 최저임금을 인상하고, 중소기업을 지원하며, 직업 훈련 프로그램을 확대해야 합니다. 우리는 부유층만을 위한 경제가 아니라, 모든 사람을 위한 경제를 만들어야 합니다. 이를 위해 우리는 공정한 세제 개혁과 경제적 기회 확대를 추진할 것입니다."

반면 펜스는 트럼프 행정부의 경제성과를 강조하며, 세금 감면과 규제 완화 정책을 옹호했으나 카멜라의 역공을 받고 그의 발언은 옹색한 변명처럼 들렸다. 카멜라는 토론 내내 트럼프 행정부의 정책을 강하게 비판했다.

"트럼프 행정부는 국민의 이익을 외면하고, 자신들의 이익만을 추구하고 있습니다. 트럼프 행정부의 경제 정책은 부유층과 대기업에만 혜택을 주고 있습니다. 우리는 모든 미국인이 경제적 기회를 누릴 수 있도록 해야 합니다. 우리는 국민을 위한 정부를 만들어야 합니다. 조 바이든과 저는 모든 미국인을 위해 일할 것입니다."

많은 시청자들에게 카멜라의 말에 공감했고, 바이든-해리스 선거 캠프의 지지율은 상승했다.

카멜라는 토론 후 인터뷰에서 자신의 의지를 다시 한번 강조했다.

"저는 국민을 위해 일하는 것이 중요하다고 믿습니다. 우리는 모든 사람이 공정한 기회를 가질 수 있는 사회를 만들어야 합니다. 이를 위해 조 바이든과 저는 최선을 다할 것입니다."

07
첫 여성, 첫 흑인, 첫 아시아계 부통령의 탄생

2020년 11월 3일, 미국 대선이 치러졌다. 조 바이든과 카멀라 해리스는 트럼프-펜스 팀을 물리치고 승리했다. 카멀라 해리스는 미국 역사상 첫 여성, 첫 흑인, 첫 아시아계 부통령으로 당선되는 쾌거를 이루었다.

조 바이든과 카멀라 해리스, 두 후보는 전국을 다니며 유세 활동을 펼치면서 유권자들과의 직접적인 소통을 통해 지지를 호소했다. 카멀라는 특히 여성, 소수자, 청년층 유권자들에게 큰 호응을 얻으며, 이들의 지지를 확보하기 위해 다양한 활동을 전개했다.

카멀라는 새로운 시대를 열겠다는 의지를 불태우며 열변을 토했다.

"저는 모든 미국인을 위해 일할 것입니다. 우리는 함께 더 나은 미래를 만들 것입니다. 여러분의 목소리를 듣고, 여러분의 권리를 보호할 것입니다. 우리는 모두를 위한 미국을 만들어야 합니다. 모든 사람이 공정한 기회를 가질 수 있도록 최선을 다할 것입니다. 저는 이 자리에서 우리가 함께 만들어 나갈 미래를 위한 시작을 알리고자 합니다."

이번 대선은 코로나19 팬데믹으로 인해 많은 유권자들이 우편 투표와 조기 투표를 선택하면서 개표 과정이 이전보다 더 복잡하고 시간이 걸렸다. 많은 사람들이 선거 결과를 지켜보며 긴장감 속에서 개표 상황을 지켜봤다.

개표 과정은 며칠 동안 계속되었고, 일부 주에서는 재검표와 법적 다툼이 이어졌다. 그러나 시간이 지나면서 바이든과 해리스가 중요한 경합 주에서 승리를 거두며 선거 결과가 점차 명확해졌다. 결국 11월 7일, 주요 언론사들이 조 바이든과 카멀라 해리스가 선거에서 승리했다고 선언했다. CNN, ABC, NBC, CBS 등 주요 방송사들은 바이든이 270명의 선거인단을 확보했다고 보도했다. 이로써 바이든-해리스 팀은 2020년 대선에서 승리한 것으로 공식 선언되었다.

그러나 도널드 트럼프는 선거 결과에 승복하지 않고 선거 부정이 있었다고 주장하는 등 갖은 추태를 연출했다. 그는 선거가 조작되었으며, 자신이 실제로는 승리했다고 주장하면서 여러 주에서의 우편투표가 부정확하고 불법적으로 처리되었다고 법적 소송을 제기했다. 펜실베이니아, 미시간, 조지아, 애리조나 등에서 법적 소송이 진행되었으며, 트럼프 측은 선거 부정을 입증하기 위해 증거를 제시하려 했으나 대부분의 소송은 증거 부족과 절차상의 문제로 인해 기각되거나 철회되었다.

트럼프는 선거 결과가 확정된 이후에도 선거 부정을 주장하며 지지자들을 선동했다. 그러자 2021년 1월 6일, 그의 지지자들이 워싱턴 D.C.에 모여 국회의사당을 습격하는 사건으로 절정에 달했다. 이 사건은 미국 정치사에서 커다란 오점을 남기는 중요한 사건으로 기록되었으며, 트럼프의 정치적 영향력에 큰 타격을 주었다.

바이든과 해리스는 이러한 상황 속에서도 평화적인 권력 이양을

준비하고 새로운 변화를 이끌어 나갔다

2021년 1월 20일, 조 바이든과 카멀라 해리스는 공식적으로 대통령과 부통령으로 취임했다. 이로써 바이든-해리스 행정부가 출범했고, 조 바이든과 카멀라 해리스는 국민에게 승리 선언을 했다. 카멀라는 역사적인 순간을 맞아 감격스러워하며 연설을 했다.

"저는 모든 미국인을 위해 일할 것입니다. 우리는 함께 더 나은 미래를 만들 것입니다. 여러분의 목소리를 듣고, 여러분의 권리를 보호할 것입니다. 우리는 국민을 위해 일하는 정부를 만들어야 합니다. 모든 사람이 공정한 기회를 가질 수 있도록, 우리는 함께 노력할 것입니다."

카멀라 해리스와 바이든은 당선 이후, 차기 행정부를 준비하기 위해 다양한 활동을 시작했다. 이들은 새로운 행정부의 주요 인사를 임명하고 인수인계 작업을 진행하며, 정책 우선순위를 설정했다. 해리스는 특히 형사사법개혁, 환경 보호, 경제 불평등 해소 등의 주제에 대해 깊이 있는 논의를 진행하며, 구체적인 실행 계획을 마련했다.

카멀라는 그녀는 바이든과 함께 다양한 전문가들과 협력하여 새로운 정책을 수립하고 이를 실현하기 위한 구체적인 방안을 마련했다.

08
부통령 취임식

 2021년 1월 20일, 카멀라 해리스가 미국의 부통령으로 공식 취임한 날, 이날은 카멀라 개인뿐만 아니라 많은 미국인들에게도 역사적인 순간이었다. 미국 역사상 첫 여성, 첫 흑인, 첫 아시아계 부통령의 탄생이라는 새로운 시대를 연 것이다.
 코로나19 팬데믹으로 인해 대규모 관중 없이 진행되었지만, 전세계 수백만 명이 TV와 인터넷을 통해 이 역사적인 순간을 지켜보았다. 카멀라 해리스는 취임사에서 "모두를 위한 미국을 만들어야 한다"는 취지의 강력한 의지를 표명하는 연설을 했다.

 "오늘 저는 이 자리에 서서, 여러분의 부통령으로서 역사적인 순간을 맞이하게 되어 큰 영광과 책임을 느낍니다. 저의 앞에는 수많은 강인한 여성과 남성들이 길을 닦아 주었고, 그들의 노력과 희생 덕분에 제가 이 자리에 설 수 있었습니다. 그들에게 깊은 감사를 드립니다.
 저는 이 자리에서 역사를 만드는 것이 아니라, 우리가 함께 만들어 나갈 미래를 위한 시작을 알리는 것입니다. 우리는 모두를 위한 미국을 만들어야 합니다. 모든 사람이 공정한 기회를 가질 수 있도록 최선을 다할 것입니다.

저는 이 자리에 서기까지 많은 도움을 받았습니다. 가장 먼저 제 어머니 샤말라 고팔란에게 깊은 감사를 표합니다. 그녀는 저에게 독립심과 강한 여성으로서의 자부심을 가르쳐 주셨습니다. 어머니의 가르침은 저의 삶과 경력 전반에 걸쳐 큰 영향을 미쳤습니다.

오늘 우리는 새로운 시작을 맞이합니다. 조 바이든 대통령과 저는 여러분의 목소리를 듣고, 여러분의 권리를 보호하며, 모든 미국인이 공정한 기회를 누릴 수 있는 나라를 만들기 위해 노력할 것입니다.

형사사법개혁, 경제 불평등 해소, 환경 보호, 공중 보건 강화 등 많은 중요한 과제가 우리 앞에 놓여 있습니다. 우리는 함께 협력하여 이러한 문제들을 해결하고, 더 나은 미래를 만들어 나가야 합니다.

저는 모든 미국인을 위해 일할 것입니다. 우리는 함께 더 나은 미래를 만들 것입니다. 여러분의 목소리를 듣고, 여러분의 권리를 보호할 것입니다. 우리 모두가 평등한 기회를 가질 수 있는 사회를 만들기 위해 최선을 다할 것입니다."

카멀라 해리스의 취임사는 그녀의 정치적 비전과 함께 그녀의 개인적 배경, 그리고 미국 국민을 위한 헌신을 강조하는 내용으로 구성되었다. 그녀는 부통령으로서 미국의 미래를 위한 강력한 비전을 제시하며, 모든 미국인이 공정한 기회를 가질 수 있도록 노력할 것을 다짐했다. 그녀의 연설은 많은 이들에게 감동을 주었으며, 새로운 행정부의 출발을 알리는 중요한 순간이었다.

09
위키피디아 페이지 수정으로 본 카멀라 해리스

2020년 6월, 카멀라 해리스의 위키피디아 페이지는 세간의 주목을 받았다. 그녀의 페이지는 3주 동안 408회 수정되었으며, 이는 당시 부통령 후보로 거론되던 다른 후보들보다 훨씬 많은 수정 횟수였다. 이러한 수정은 카멀라가 조 바이든의 러닝메이트로 지명될 가능성을 암시하는 신호로 해석되었다. 특히, 수정 작업은 주로 한 사람에 의해 이루어졌으며, 해리스의 논란이 되었던 기록을 삭제하거나 수정하는 내용이 포함되었다.

위키피디아 페이지는 정치인들의 이미지와 대중의 인식을 형성하는 데 중요한 역할을 한다. 따라서 선거 기간 동안 페이지의 내용이 수정되는 경우가 종종 발생하곤 한다. 2016년 대선에서도 힐러리 클린턴(Hillary Clinton)의 러닝메이트였던 팀 케인(Tim Kaine)의 위키피디아 페이지가 다른 후보들보다 더 많이 수정된 바 있다.

수정된 내용 중에는 카멀라의 '강경 범죄 대처' 기록과 2013년 스티븐 므누신(Steven Mnuchin)에 대한 금융 사기 혐의를 기소하지 않기로 한 결정이 포함되었다. 이러한 내용들은 해리스의 경력에서 논란이 된 부분으로, 그녀의 이미지에 부정적인 영향을 미칠 수 있는 요소들이었다.

한 사용자는 해리스의 법 집행 기록을 다루는 부분에서 '강경 범죄 대처' 정책에 대한 언급을 삭제했다. 이것은 카멀라가 법무장관 시절 강력한 범죄 대처 정책을 시행한 것을 비판하는 내용을 포함하고 있었다. 또한, 스티븐 므누신에 대한 기소 결정과 관련된 내용도 삭제되었는데, 이는 카멀라가 2013년 캘리포니아 법무장관으로 재직할 당시, 므누신의 은행이 불법적으로 주택 압류를 진행한 혐의로 기소되지 않은 것과 관련이 있다.

위키피디아 페이지 수정 작업은 많은 사람들 사이에서 큰 논란을 일으켰다. 일부 사람들은 해리스의 이미지를 관리하기 위한 정당한 시도로 보았지만, 다른 사람들은 이러한 수정이 투명성과 신뢰성을 훼손한다고 비판했다.

해리스의 지지자들은 위키피디아 페이지의 수정 작업이 그녀의 이미지와 경력을 보호하기 위한 정당한 시도라고 주장했다. 그들은 해리스가 중요한 정치적 역할을 수행할 준비가 되어 있으며, 부정적인 내용이 부각되지 않도록 하는 것이 중요하다고 생각했다. 한 지지자는 이렇게 말했다.

"해리스 상원의원은 훌륭한 리더입니다. 그녀의 경력을 왜곡하지 않도록 주의해야 합니다."

반면, 비판자들은 정치인이 자신의 이미지를 관리하기 위해 역사적 기록을 수정하는 것은 부적절하다고 비판했다. 한 비판자는 이렇게 말했다.

"위키피디아 페이지를 수정하여 부정적인 내용을 삭제하는 것은 투명성을 훼손하는 행위입니다. 이는 해리스의 신뢰성에 부정적인 영향을 미칠 수 있습니다."

카멀라 해리스의 위키피디아 페이지 수정 논란은 그녀의 부통령 후보 지명 과정에서 중요한 사건으로 남아 있다. 페이지의 수정 작업은 해리스의 이미지를 보호하려는 시도로 해석되었지만, 투명성과 신뢰성에 대한 논란을 불러일으켰다. 이 사건은 정치인이 자신의 이미지를 관리하는 방식과 대중의 인식을 형성하는 과정에서 발생할 수 있는 복잡한 문제를 잘 보여준다.

10
요리 애호가로서의 카멀라 해리스 이야기

카멀라 해리스는 정치적 경력 외에도 열정적인 요리 애호가로 알려져 있다. 그녀의 요리 이야기는 정치적 면모 외에 인간적인 면모를 잘 보여주는 사례다. 해리스는 뉴욕 타임스의 요리 섹션에서 레시피를 북마크하고, 앨리스 워터스(Alice Waters)의 〈단순한 음식의 예술(The Art of Simple Food)〉에 있는 거의 모든 레시피를 시도해 본적이 있는 요리 애호가다. 카멀라는 바쁜 정치 일정을 소화하면서도 요리에 대한 열정을 잃지 않았고, 이 이야기는 그녀의 삶에서 요리가 어떤 의미를 가지는지 보여준다.

카멀라의 요리에 대한 열정은 어릴 때부터 시작되었다. 그녀의 어머니는 해리스에게 요리의 기초를 가르쳐 주었고, 그녀가 요리에 대한 사랑을 키우는 데 큰 영향을 미쳤다. 인도 출신인 어머니는 딸에게 다양한 인도 요리법을 전수해 주었다. 카멀라는 어머니와 함께 주방에서 시간을 보내며 다양한 향신료와 재료들을 사용해 요리를 만드는 즐거움을 배웠다. 카멀라는 어머니를 회상하면서 이렇게 말한 적이 있다.

"어머니와 함께 요리를 하면서 저는 요리가 단순히 음식을 만드는 것을 넘어선다는 것을 배웠습니다. 요리는 사람들을 하나로 모으고, 사랑과 정성을 표현하는 방법입니다."

카멀라의 요리에 대한 열정은 앨리스 워터스의 영향을 많이 받았다. 워터스는 유명한 셰프이자 요리 철학자로, 〈단순한 음식의 예술〉라는 책을 통해 간단하면서도 정성이 담긴 요리법을 소개했다. 카멀라는 이 책을 탐독하며 책에 있는 거의 모든 레시피를 시도해 보았다.

"앨리스 워터스의 책은 저에게 큰 영감을 주었습니다. 그녀의 요리 철학은 간단하면서도 정성이 담긴 음식을 만드는 것이었고, 이는 제가 요리를 하는 방식에도 큰 영향을 미쳤습니다."라고 그녀는 말한다.

카멀라는 워터스의 요리 철학을 통해 재료 본연의 맛을 살리고, 건강한 식재료를 사용하는 법을 배웠다. 그녀는 로컬 농장에서 신선한 재료를 구입하고, 이를 사용해 다양한 요리를 만들어 보았다.

카멀라 해리스는 바쁜 정치 일정을 소화하면서도 요리에 대한 열정을 잃지 않았다. 그녀는 여가 시간에 다양한 요리책을 탐독하고 새로운 레시피를 시도하는 것을 즐겼다. 해리스는 요리가 그녀에게 주는 창의적이고 스트레스를 해소할 수 있는 활동으로 여긴다. 그녀는 자신의 요리철학을 이렇게 피력하고 있다.

"요리는 저에게 창의적인 활동이자 스트레스를 해소하는 방법입니다. 바쁜 일정 속에서도 요리를 통해 마음의 평화를 찾을 수 있습니다. 요리는 단순히 음식을 만드는 것을 넘어, 사람들과의 연결을 의미합니다. 저는 요리를 통해 가족과 친구들, 그리고 동료들과의 유대를 강화하고 싶습니다."

그녀는 종종 늦은 밤이나 주말에 주방에 서서 요리를 하며 하루의

스트레스를 풀곤 한다. 주로 간단하면서도 맛있는 요리를 만드는 것을 즐기며, 가족과 친구들을 위해 정성껏 준비한 음식을 대접하기도 한다.

해리스가 즐겨 만드는 저녁 요리 중 하나는 간단한 로스트 치킨이다. 이 요리는 해리스가 바쁜 일정 중에도 쉽게 준비할 수 있는 요리로, 그녀의 가족과 친구들 사이에서 큰 인기를 끌고 있다.

로스트 치킨을 준비하는 해리스의 비법은 간단하다. 먼저, 신선한 치킨을 선택한 후, 올리브 오일과 각종 허브, 소금, 후추를 뿌려 맛을 낸다. 그런 다음, 치킨을 오븐에 넣고 적절한 온도로 구워내면 겉은 바삭하고 속은 촉촉한 로스트 치킨이 완성된다.

카멜라는 가족과 함께 요리하는 시간을 소중히 여겼다. 그녀는 특히 주말에 가족과 함께 주방에서 시간을 보내며, 함께 요리를 준비하고, 음식을 나눠 먹었다. 이러한 시간은 카멜라에게 중요한 휴식과 재충전의 시간이 되었다.

카멜라는 자신의 요리에 대한 열정을 다른 이들과 나누는 것을 즐긴다. 그녀는 종종 소셜 미디어를 통해 자신이 만든 요리의 사진과 레시피를 공유하며, 팔로워들과 요리에 대한 이야기를 나눈다. 해리스의 요리 게시물은 많은 사람들에게 영감을 주며, 그녀의 따뜻한 인간미를 보여주는 사례로 꼽힌다.

카멜라 해리스의 요리 이야기는 그녀의 따뜻한 인간미와 창의적인 면모를 보여주는 동시에, 그녀가 사람들과의 관계를 중요하게 여기는 이유를 잘 설명해 준다. 요리는 해리스에게 단순한 취미를 넘어, 그녀의 삶에서 중요한 역할을 하는 활동으로 자리잡고 있다.

11
부통령으로서의 첫해

카멀라 해리스는 2021년 1월 20일, 미국의 부통령에 공식 취임한 이후, 다양한 이슈에 집중하며 많은 성과를 이루었다. 그녀는 자신의 공약대로 형사사법개혁, 환경 보호, 여성과 소수자 권리 보호 등 다양한 분야에서 적극적으로 활동하며, 자신의 정치적 비전과 목표를 실현하기 위해 노력했다.

카멀라는 여성과 소수자 권리 보호에 많은 노력을 기울였다. 그녀는 성평등 실현을 위한 동등임금법과 여성 건강 보호법을 지지하며, 인종 차별 철폐법을 통해 인종 차별을 금지하고 차별적인 관행을 근절하기 위한 노력을 기울였다. 소수자 경제 기회 확대를 위한 소수자 기업 지원 프로그램을 강화하고, 소수자들이 경제적 기회를 누릴 수 있도록 지원하는 정책을 추진했다.

카멀라의 여성과 소수자 권리 보호 노력은 많은 긍정적인 성과를 이끌어냈다. 동등임금법과 여성건강보호법이 통과되면서 여성들이 평등한 대우를 받을 수 있는 기회가 확대되었고, 인종차별철폐법과 소수자 경제 기회 확대 정책이 시행되면서 소수자들이 평등한 기회를 누릴 수 있는 사회적 환경이 조성되었다.

그러나 바이든 대통령이 그녀에게 맡긴 골치 아픈 이민 문제는 그녀에게 큰 도전이 되었다. 미국 남부 국경을 통해 밀려드는 이민자 문제는 복잡하고 민감한 사안이었다. 그녀는 이 문제를 해결하기 위해 중미 국가들을 방문하여 협력 방안을 모색하고자 했다.

2021년 6월, 카멀라는 콰테말라를 방문하여 이민 문제를 논의했다. 그녀는 콰테말라 대통령과 회담을 갖고 이민 문제를 근본부터 해결하기 위한 협력 방안을 모색했다. 그러나 해리스는 콰테말라에서 "미국으로 오지 마세요."라는 발언을 해서 큰 논란을 일으켰다. 그녀의 발언은 이민자들에게 희망을 주기보다는 절망을 안겨주었고, 히스패닉 커뮤니티 사이에서 큰 반발을 불러일으켰다.

카멀라의 발언은 많은 이민자들과 그들을 지지하는 단체들로부터 비판을 받았다. 이민자들은 그녀의 발언이 자신들의 어려움을 이해하지 못하고 있다고 느꼈다.

카멀라의 콰테말라 발언 이후, 히스패닉 커뮤니티의 반발이 거세졌다. 많은 히스패닉 유권자들이 해리스-바이든 행정부에 등을 돌렸으며, 이는 카멀라의 정치적 입지에 큰 타격을 주었다. 그녀는 무능하다는 구설에 오르기도 했다.

그렇다면 왜 카멀라 해리스는 "미국으로 오지 마세요."라는 발언을 했을까?

그녀가 미국 부통령으로서 "미국으로 오지 마세요"라고 말한 것은 이민자들이 겪는 위험한 여정을 방지하기 위한 것이었다. 그녀는 이민자들이 미국으로 향하는 과정에서 겪는 위험과 고통을 피할 수 있도록 고국에서의 문제 해결을 촉구한 것이다. 이 발언은 이민자들이 불법적인 경로를 통해 미국으로 들어오는 것을 피하고, 안전한 방법으로 도움을 받을 수 있도록 하기 위한 것이었다.

하지만, 그녀의 의도와는 달리 일파만파로 사건은 커져 나갔다. 카멀라는 자신의 정치적 미숙함을 통감할 수밖에 없었다. 카멀라는 난감한 상황을 해결하기 위해 여러 차례 사과와 해명을 했다. 그녀는 "저의 발언이 많은 사람들에게 상처를 주었다는 것을 알고 있습니다. 저는 이민자들의 어려움을 이해하고 있으며, 그들의 안전과 복지를 위해 최선을 다할 것입니다."라고 말하며, 히스패닉 커뮤니티와의 관계 회복을 위해 노력했다.

그녀의 노력은 많은 긍정적인 성과를 이끌어냈지만, 이민 문제는 여전히 해결해야 할 과제로 남아 있다.

12
부통령으로서의 업적

카멀라 해리스는 조 바이든 행정부에서 부통령을 역임하며 다양한 정책 분야에서 중요한 역할을 수행했다. 민주당 집권 4년 동안 해리스는 종종 민주당 주류파의 견제와 바이든 대통령에 가려져 그 업적이 잘 알려지지 않았지만, 그녀의 리더십과 노력은 여러 분야에서 큰 변화를 가져왔다. 그녀는 부통령으로서 코로나19 대응, 이민자 문제 해결, 검찰에서의 경험을 바탕으로 한 형사사법개혁 등에서 주요 성과들을 이루어냈다.

첫째로 코로나19 대응에서 카멀라는 선제적 대응을 하면서 주목을 받았다.

코로나19 팬데믹은 초기 바이든-해리스 행정부가 직면한 가장 큰 도전 과제 중 하나였다. 코로나19 팬데믹이 지속되면서 바이든 행정부는 백신 배포와 팬데믹 대응에 집중했다. 카멀라 해리스 부통령은 이 과정에서 중요한 역할을 맡았다. 그녀는 공공 보건 전문가들과 긴밀히 협력하며 백신 배포 계획을 수립하고 대규모 접종 캠페인을 추진했다.

그녀는 백신 배포와 접종 캠페인을 주도하며, 미국 전역에서 백신 접종을 신속하게 진행하기 위한 노력을 기울였다. 그녀는 주 정부와 지방 정부, 의료 기관과 협력하여 백신 배포가 원활하게 이루어질 수 있도록 조율했다.

카멀라는 전국적인 백신 접종 캠페인을 주도했다. 특히, 저소득층과 소수자 커뮤니티에 백신 접근성을 높이기 위해 노력했다. 그녀는 여러 차례 현장을 방문하며 백신 접종의 중요성을 강조하고, 백신 접종을 촉진하는 데 앞장섰다.

"백신 접종은 우리 모두의 건강과 안전을 지키는 가장 중요한 방법입니다. 우리는 모든 미국인이 백신을 접종받을 수 있도록 최선을 다할 것입니다."라고 해리스는 말했다.

카멀라는 공공 보건 시스템을 강화하기 위한 법안을 추진했다. 그녀는 공공 보건 인프라를 개선하고 팬데믹 대응 능력을 강화하기 위한 예산을 확보했다. 또한 카멀라는 공공 보건 인력을 확충하고 지역사회 보건 센터를 지원하여 의료 서비스 접근성을 높였다.

이미 살펴보았지만 바이든 대통령은 카멀라 해리스 부통령에게 이민 문제를 해결하기 위한 주요 역할을 맡겼다. 카멀라는 중미 국가들과의 협력을 통해 이민 문제의 근본적인 원인을 해결하고자 했다. 그녀는 콰테말라, 엘살바도르, 온두라스 등 중미 국가들을 방문하여 현지 정부와 협력 방안을 논의했다. 콰테말라에서의 구설수 이후에도 카멀라는 자신의 소신을 그대로 펼쳐나갔다.

"우리는 이민 문제를 해결하기 위해 중미 국가들과의 협력이 필수적입니다. 이민자들이 고국에서 안전하게 생활할 수 있도록 지원하는 것이 중요합니다."

카멀라는 중미 국가들에 대한 경제적 지원과 개발 프로젝트를 추진했다. 그녀는 현지 경제를 활성화하고 일자리를 창출하기 위해 미국 기업들과 협력하여 투자 프로젝트를 시행했다. 또한 그녀는 교육과 직업 훈련 프로그램을 통해 청년들이 고국에서 안정적인 생활을 할 수 있도록 지원했다.

카멀라는 이민자들이 미국에서 안정적으로 정착할 수 있도록 지원하는 프로그램을 강화했다. 그녀는 이민자들이 법적 지원을 받을 수 있도록 법률 상담 서비스를 확대하고, 이민자 가족들이 재결합할 수 있도록 지원하는 정책을 추진했다.

카멀라 해리스의 업적 중에 으뜸가는 것은 검찰에서의 경험을 바탕으로 형사사법개혁을 추진일 것이다. 그녀는 경찰의 과잉 진압과 인종적 불평등 문제를 해결하기 위해 경찰 책임성 강화 법안을 제안했다. 이 법안은 경찰의 행동을 감시하는 독립 기구를 설립하고 과잉 진압 사례에 대한 철저한 조사를 요구하는 내용을 포함하고 있다.

"형사사법시스템은 공정하고 투명해야 합니다. 우리는 경찰의 책임성을 강화하고 공정한 법 집행을 보장해야 합니다. 우리의 목표는 범죄자를 처벌하는 것만이 아니라, 그들이 사회에 복귀할 수 있도록 돕는 것입니다. 우리는 재범을 줄이고 공정한 형사사법시스템을 구축하기 위해 노력할 것입니다."

그러면서 카멀라는 재범 방지 프로그램을 확대하여 재소자들이 사회에 복귀할 수 있도록 지원했다. 그녀는 교도소 내 교육과 직업 훈련 프로그램을 강화하여 재소자들이 새로운 삶을 시작할 수 있는 기회를 제공했다. 또한 카멀라는 형사사법시스템의 공정성을 제고하기 위한 다양한 정책을 추진했다. 그녀는 인종 차별을 근절하기 위한 법안을 제안하고, 차별적인 관행을 철폐하기 위해 노력했다. 성범죄자 등록 시스템을 강화하고 아동 보호를 위한 법률을 개정하여 공공 안전을 증진시켰다.

여성 부통령으로서 그녀가 가장 관심을 갖고 심혈을 기울인 분야는 여성과 소수자 권리 보호였다. 카멀라는 검찰 시절부터 여성과 소수자 권리 보호의 중요성을 강조하며, 성평등 실현을 위한 법안을 지지해 왔다. 그녀는 동등임금법을 통해 동일한 일을 하는 남성과 여성에게 동일한 임금을 지급하도록 하는 법안을 추진했다. 또한 여성건강보호법을 지지하여 여성들이 양질의 의료 서비스를 받을 수 있도록 지원했다.

카멀라는 소수자 경제 기회 확대를 위한 소수자 기업 지원 프로그램을 강화했다. 그녀는 소수자들이 경제적 기회를 누릴 수 있도록 지원하는 정책을 추진하면서 "소수자들이 경제적 기회를 누릴 수 있도록 하는 것은 우리 사회의 경제적 성장을 위해 중요합니다."라고 말했다.

카멀라 해리스는 조 바이든 행정부에서 부통령을 역임하며 다양한 정책 분야에서 중요한 역할을 수행했다. 민주당 집권 4년 동안 그녀는 코로나19 대응, 이민자 문제 해결, 형사사법개혁 등에서 많은 성과를 이루었으며, 여성과 소수자 권리 보호에도 많은 노력을 기울였다. 그녀의 리더십과 정책은 앞으로도 미국 사회의 평등과 정의를 실현하는 데 중요한 역할을 할 것이다.

제9장
미래와 미국 대통령

01 무슨 일이 일어나고 있지?
02 민주당 대통령 후보 카멀라 해리스
03 카멀라 해리스에 대한 지지 선언 봇물
04 카멀라 해리스의 러닝메이트 팀 월즈
05 대통령 후보로서의 도전
06 초조해진 트럼프의 공격
07 대통령으로 가는 길
08 카멀라 해리스의 주요 공약

01
무슨 일이 일어나고 있지?

2024년 7월 21일 조 바이든 대통령의 민주당 대통령 후보 사퇴 선언 이후, 미국 대선판이 지각변동을 일으켰다. 카멀라 해리스가 대통령 후보로 부상하자 민주당원들이 무섭게 결집하고 풀뿌리 조직이 움직이기 시작했다.

일주일 만에 2억 달러의 선거자금이 모금되었는데 이 중 66%는 신규 기부자들이었다. 전체 선거 기부금의 94%는 200달러(약 27만 원) 이하의 소액 기부였다. 새롭게 등록한 자원봉사자 수는 17만 명에 달했다.

한 민주당 풀뿌리 운동가는 이렇게 말했다. "우리는 카멀라 해리스 부통령을 지지하며, 그녀가 우리나라의 미래를 이끌어 갈 리더임을 확신합니다. 여러분의 지지와 기부가 그녀의 캠페인을 성공으로 이끌 것입니다."

카멀라 해리스의 캠페인을 지원하기 위해 모여든 자원봉사자들은 전화 걸기, 문서 작업, 유세 준비 등 다양한 활동을 통해 선거캠페인을 도왔다.

풀뿌리 조직은 지역 커뮤니티와의 연계를 강화하여 카멀라의 지지를 확산시키기 위해 노력했다. 이들은 지역사회 행사에 참여하고, 커뮤니티 리더들과 협력하여 해리스의 비전과 정책을 홍보했다. 이를 통해 카멀라는 다양한 유권자들과의 소통을 강화하고, 지지를 얻을 수 있었다. 한 커뮤니티 리더는 이렇게 말했다.

"카멀라 해리스 부통령은 우리 지역사회의 목소리를 듣고, 우리의 문제를 해결하기 위해 노력하는 리더입니다. 그녀를 지지하기 위해 우리 모두가 함께 해야 합니다."

그동안 미국 대선판은 도널드 트럼프 전 대통령을 중심으로 똘똘 뭉치는 공화당과 달리 민주당은 조 바이든 대통령의 토론회 참패를 계기로 지리멸렬하고 의기소침해 있었다. 거기에 트럼프 암살 미수 사건 이후 대세는 공화당으로 기우는 것처럼 보였다. 그러나 정치는 생물이라 했던가. 바이든 대통령이 후보직 사퇴라는 통큰 결단을 내림으로써 분위기는 역전되었다.

바이든의 사퇴 이후, 버락 오바마 전 대통령, 힐러리 클린턴, 낸시 펠로시 전 하원의장 등 민주당 유력 인사들이 카멀라 해리스 지지를 선언하면서 반전의 기미가 보이기 시작했다. 바이든 대통령에게 등을 돌렸던 젊은 층과 흑인들이 다시 민주당으로 돌아왔고, 풀뿌리 조직이 움직이기 시작하면서 분위기는 확 바뀌었다. 민주당이 언제부터 저런 조직력과 단합의 힘을 가지고 있었던가 싶을 정도로 변신했다.

놀랍게도 카멀라 해리스 현상을 만든 사람은 카멀라 자신이었다. 그녀는 바이든 대통령이 사퇴를 선언하고 자신을 후계자로 지명하자 발 빠르게 움직였다. 기회가 오면 그것을 놓치지 않는 정치적 감각을 지닌 카멀라 해리스의 진가가 나타났다. 그녀는 천재일우(千載一遇)의 기회가 온 것을 알아채고 민주당의 모든 실력자들에게 전화를 걸었다. 그녀는 10시간 동안 무려 100통 이상의 전화를 했다.

카멀라는 빌 클린턴, 버락 오바마 전 대통령들을 포함해 조지 샤피로 펜실베이니아주지사, J.B 프리츠커 일리노이주지사, 그레첸 휘트머 미시간주지사 등 잠재적 경쟁자들에게 전화를 걸었다. 이밖에 버니 샌더스, 엘리자베스 워런 상원의원, 억만장자이자 민주당의 주요 후원자인 톰 스테이어 등 민주당 고위 인사들에게도 전화를 걸어서 지지를 호소했다. 카멀라 해리스는 다양한 정치인, 전략가, 후원자, 단체의 지원과 협력을 이끌어내는 데 혼신의 힘을 기울였다.

카멀라의 순발력은 오바마 미국 전 대통령이 아내 미셸과 함께 전화를 걸어와 지지 의사를 밝힌 영상통화를 공개함으로써 대미를 장식했다.

오바마 전 대통령은 전화에서 이렇게 말했다.

"미셸과 나는 당신을 지지하게 돼 자랑스럽고, 또 선거에서 승리해 대통령이 될 수 있도록 뭐든 할 수 있다고 말하려고 전화했습니다."

오바마의 이 전화는 카멀라로서는 천군만마를 얻은 것과 같았다.

카멀라 해리스 부통령이 전화에 매달리는 사이 그녀의 지지자들은 민주당 대의원들을 설득하기 위한 팀을 꾸렸다. 이 팀은 해리스 부통령 측근들과 기존의 바이든-해리스 캠프 팀을 통합한 것이었다.

이 같은 적극성과 발 빠른 대처 덕분에 카멀라는 불과 48시간 만에 민주당을 장악할 수 있었다. 민주당의 주요 당직자들은 전광석화로 진행되는 정말 잘 조율된 전격 작전을 보고 무척이나 놀랐다. 힐러리 클린턴 전 국무장관의 2016년 대선 유세를 관리했던 로비 묵은 "(해리스 부통령의 행보는) 완벽한 48시간이었다"라고 놀라움과 감탄을 표했다.

민주당의 주요 당직자들은 카멀라의 순발력과 추진력에서 그녀만의 탁월한 리더십을 발견하고 따르기 시작했다.

이 같은 카멀라의 대처는 바이든 대통령에게는 부족했던 에너지와 활력이 그녀에게 있음을 보여줬다. 카멀라의 지배력 덕분에 바이든 대통령의 TV 토론 이후 집단으로 숨을 참았던 민주당의 숨통이 트였다. 카멀라는 바이든의 재선 도전 포기 이후 36시간도 채 지나지 않아 민주당 대선 후보에 필요한 대의원의 지지를 확보했다. 하루 뒤인 7월 23일에는 민주당의 전체 대의원 4,000명 중 3,100명 이상의 지지를 확보했다.

카멀라 해리스 부통령은 잇따른 조사에서 트럼프 전 대통령을 오차범위 내로 따라붙으면서 후보 교체론이 적중했음을 보여줬다.

뉴욕타임스-시에나대 조사에서는 적극 투표층에서 47%-48%로 트럼프 전 대통령을 바짝 따라붙었다. 월스트리트저널 조사에서도 47%-49%로 역시 오차범위를 벗어나지 않는 선에서 상대를 추격했다.

이 같은 카멀라 해리스의 급부상으로 트럼프 측은 당황했다. 여성에게 막말을 쏟아냈던 트럼프 후보와 J.D. 밴스 부통령 후보에 대한 여성들의 표심도 변수도 떠올랐다. 일부 경합주(스윙 스테이트)에서는 카멀라 해리스가 트럼프 후보를 앞선다는 결과도 나왔다.

날이 갈수록 카멀라 해리스 부통령이 전국 지지율에서 도널드 트럼프 전 대통령을 역전했다는 분석이 나왔다. 바이든 대통령이 대선 후보였을 때 보인 열세 분위기는 사라지고 지지층 결집이 이어졌다. 트럼프가 카멀라의 인종 문제를 거론한 이후 중도·무당파 표심이 대거 이탈했다.

8월 3일 데이터 분석 기관 파이브서티에잇(Five Thirty Eight)이 전체 여론조사를 평균 분석한 결과에 따르면 카멀라 해리스 부통령과 트럼프 전 대통령 지지율은 각각 45.1%, 43.6%로 나타났다. 무소속 로버트 케네디 주니어 후보는 5.7%에 그쳤다.

대선 후보 첫 TV 토론, 펜실베이니아 유세 현장 총격사건 등으로 급부상했던 '트럼프 대세론'이 카멀라 해리스에게로 옮겨갔다. 강하고 올바른 이미지의 해리스가 후보로 나서자 노쇠한 바이든에 등 돌렸던 민주당 지지층, 극단적인 트럼프를 우려하는 중도층 등이 결집했다.

카멀라 해리스의 급부상으로 민주당은 최대 표밭인 소수자 집단의 동원과 결집의 강도를 높였다. 즉, 트럼프 대 해리스 구도는 남성 대 여성, 백인 대 비백인, 선주민 대 이민자, 보수 대 자유주의 등 인종, 젠더, 종교, 이념 등에서 대결 구도를 뚜렷이 하고 있다. 민주당은 기존의 대도시 고학력 자유주의 성향 백인층에 더해 여성, 비백인, 이민자, 비기독교 등에서 결집하는 활기를 보였다.

민주당은 지역적으로는 캘리포니아, 뉴욕 등 인구가 많은 대형주 및 동서부 연안 대도시에서 지지를 받는 반면, 공화당은 인구에 비해서 선거인단 수가 많은 비도시 내륙 지역에서 강세를 보이고 있다. 주민 구성으로 보면, 민주당은 대도시의 고학력, 자유주의 성향의 백인에다가 비백인, 이민자 등에게 지지를 받고 있으며, 공화당은 비도시의 백인층의 지지를 받고 있다는 것이 정설이었다.

그런데 그런 구도가 조금씩 변하는 조짐도 보이고 있다. 카멀라 해리스는 백인 여성들에게도 지지를 받았다. 약 1,000만 명의 회원을 보유한 총기 안전 백인 여성단체인 '엄마들은 행동을 요구한다 (Moms Demand Action)'는 Zoom 회의를 열어서 카멀라 해리스의 총기 법안을 지지했다. 이 단체는 지난 두 차례의 선거에서 공화당 후보인 도널드 트럼프를 지지했던 유권자 집단이다. 설립자인 섀넌 왓츠가 주최한 이 영상통화에는 활동가, 팟캐스터, 가수 핑크, 일반 유권자가 참여했으며, 트럼프를 백악관에 입성시킨 것을 후회하고 총기 법안을 실천할 적임자로 카멀라 해리스를 당선시키자고 결의했다.

카멀라 해리스 부통령의 대선 출마를 가장 먼저 환영한 것은 흑인 여성들이다. 이어서 흑인 남성, 남아시아계 미국인들이 나섰고, 마침내 도널드 트럼프 전 미 대통령의 가장 강력한 지지 계층인 백인 남성들도 지지하고 나섰다.

7월 29일 밤, '해리스를 지지하는 백인 녀석들'이란 모임은 Zoom 화상회의를 열고 15만 명 이상 참여하는 사상 최대 규모의 회의를 열고 해리스 부통령 지지를 밝혔다. 이 '해리스를 지지하는 백인 녀석들' 행사는 3시간 20분 만에 400만 달러 이상 해리스 지지 선거자금을 모금했다.

02
민주당 대통령 후보 카멜라 해리스

미국 민주당 전국위원회(DNC)는 2024년 8월 1일부터 5일까지 닷새 동안 카멜라 해리스 부통령을 당 공식 대선 후보로 선출하기 위한 화상 투표를 진행하기로 했다.

카멜라 해리스는 공식 선출을 앞두고 지지 모으기를 위한 사전 캠페인을 활발히 펼쳤다. 그녀는 여러 온라인 플랫폼을 통해 대의원들과 소통하며 자신의 비전과 정책을 설명했다. 그녀는 과거의 성과와 앞으로의 계획을 강조하며 대의원들의 지지를 호소했다.

"저는 여러분과 함께 더 나은 미국을 만들기 위해 이 자리에 섰습니다. 우리의 여정은 아직 끝나지 않았습니다. 함께하면 우리는 모든 도전을 극복하고 더 나은 미래를 만들 수 있습니다."

8월 1일, 화상 투표 첫째 날, 개회식과 주요 연설로 시작되었다. 민주당 지도자들과 카멜라 해리스의 지지자들이 연설을 통해 그녀의 리더십과 성과를 강조했다. 개회식은 온라인으로 생중계되어 전 세계에서 수많은 사람들이 시청할 수 있었다.

그런데 5일간 예정된 투표에서 유일한 후보로 이름을 올린 카멜라 해리스는 투표를 시작한지 딱 하루 만에 대의원 99%의 지지를 받고 후보로 확정되었다. 투표는 실시간 집계되었고 결과는 투표가 종료된 후 곧바로 발표되었다.

"투표가 완료되었습니다. 결과를 발표하겠습니다. 카멀라 해리스 부통령이 민주당의 공식 대선 후보로 선출되었습니다."

이로써 카멀라는 바이든 대통령이 재선 도전을 포기한 지 12일 만에 미국 민주당의 대통령 후보로 결정됐다.

카멀라 해리스의 대통령 후보 선출 소식은 미국 전역과 전 세계에서 큰 반향을 일으켰다. 많은 정치인, 운동가, 시민들이 그녀의 선출을 축하하며 지지를 선언했다. 특히, 여성과 소수자 커뮤니티는 카멀라의 선출을 환영했다.

8월 5일, 카멀라 해리스는 공식 대선 후보직 수락 연설을 했다.

"국민 여러분, 감사합니다. 오늘 이 자리에 서게 되어 매우 영광입니다. 여러분의 지지와 신뢰에 깊이 감사드립니다. 여러분과 함께 더 나은 미국을 만들기 위한 여정을 시작하게 되어 기쁩니다.

먼저, 조 바이든 대통령에게 깊은 감사를 드립니다. 그의 리더십과 헌신은 우리 모두에게 큰 영감을 주었습니다. 저는 그의 유산을 이어받아 더 나은 미래를 위해 노력할 것입니다.

오늘 이 자리에서, 저는 모든 미국인을 위한 공정하고 평등한 사회를 만들기 위한 비전을 제시하고자 합니다. 우리는 함께 협력하여 모든 도전을 극복하고 더 나은 미래를 만들어 나갈 것입니다.

우리의 목표는 단순히 문제를 해결하는 것이 아닙니다. 우리는 모든 미국인이 함께 협력하여 더 나은 미래를 만들어 나가야 합니다. 우리는 분열과 갈등을 극복하고 협력과 화합을 통해 더 나은 미래를 만들어 나갈 것입니다.

오늘 이 자리에서 저는 여러분에게 약속합니다. 저는 모든 미국인을 위해 일할 것입니다. 우리는 함께 더 나은 미래를 만들 것입니다. 여러분의 목소리를 듣고, 여러분의 권리를 보호할 것입니다. 여러분의 지지와 신뢰에 깊이 감사드립니다.

이제 우리의 여정은 시작되었습니다. 여러분과 함께 더 나은 미래를 만들기 위해 최선을 다할 것입니다. 우리의 목표는 분명합니다. 우리는 모두가 평등하고 공정한 기회를 누릴 수 있는 사회를 만드는 것입니다. 함께하면 우리는 모든 도전을 극복할 수 있습니다.

감사합니다. 그리고 앞으로 나아갑시다. 함께 더 나은 미래를 만들어 나갑시다."

03
카멀라 해리스에 대한 지지 선언 봇물

　카멀라 해리스에 대한 스타들, 유명 인사들의 지지 표명도 이어지고 있다. 팝스타 비욘세는 자신의 노래 〈프리덤〉을 유세곡으로 사용할 수 있게 허락했다. 카멀라 해리스가 등장하는 순간 흑인 여성 팝스타 비욘세의 노래가 흘러나온다. 비욘세가 자신의 노래를 해리스의 선거 운동에 사용토록 한 것에 대해 CNN은 해리스가 '슈퍼스타'의 지지를 얻은 셈이라고 보도했다.

　바이든에게 공개적으로 후보직 사퇴를 요구했던 배우 조지 클루니, 가수 아리아나 그란데 등 MZ 세대 대표 스타들도 해리스 지지에 동참했다.

　카멀라 해리스가 민주당 대선 후보로 등판한 가운데 '친 민주당'과 '반 트럼프'를 표방하는 유명인들을 중심으로 '해리스 지지 선언'이 잇따랐다. 민주당 원로들도 움직였다. 8년 전 첫 여성 대통령 타이틀에 도전했던 힐러리 클린턴 전 국무장관은 자신이 깨지 못한 '유리 천장'을 해리스가 깰 것이라며 격려했다.

　카멀라 해리스는 실리콘밸리부터 자동차 산업에 이르기까지 주요 업계의 지지를 속속 확보하며 기세를 올렸다. 그녀가 민주당 대선 후보로 확정되자 벤처투자자 200명 이상이 '카멀라를 위한 벤처캐피털(VCs for KAMALA)'를 결성하고 카멀라 지지를 선언했다. 이 중에는 링크드인 회장 리드 호프만과 억만장자 투자자 마크 큐반 등 실리콘밸리의 거물급 인사들이 상당수 포함됐다. 이들은 성명에서 "우리는 민주주의가 우리나라의 기반이라고 믿는다. 이 중요한 순간에 우리는 단합해서 카멀라 해리스 부통령에게 지지를 보낸다."고 말했다.

실리콘밸리는 전통적으로 친 민주당 성향이었으나 이번 대선을 앞두고는 바이든 대통령에 대해 미온적 반응을 보여왔다. 하지만 바이든이 대선 도전을 포기한 후 해리스가 유력 후보로 부상함에 따라 본격적으로 지지에 나섰다.

또한, 미국 주요 노조 중 하나인 전미자동차노조(UAW)도 지지를 선언했다. 숀 페인 UAW 위원장은 성명을 통해 "우리 노조가 주장하는 모든 것에 반대하는 억만장자를 다시 백악관으로 보낼 것인가 아니면 우리와 함께 기업들의 탐욕에 맞서 싸울 카멀라 해리스를 뽑을 것인가?"라며 카멀라 지지를 호소했다.

조합원 38만 명과 퇴직 회원 58만 명을 보유한 UAW는 지난 1월 바이든 지지를 선언한 노조로, 회원 상당수가 러스트벨트(쇠락한 공업지대)이자 대선 경합주 중 하나인 미시간주에 거주하고 있는 만큼 대선에 상당한 영향을 미칠 것으로 예상됐다.

카멀라 해리스는 이 밖에도 미국 노동총연맹(AFL-CIO), 철강 노조 유나이티드 스틸워커, 전미교사연맹, 통합 운수 노조(ATU) 등 주요 노조들의 지지도 확보했다. 이를 방증하듯 카멀라 해리스는 블룸버그 설문 조사 결과 7개 경합주 지지율이 48%로 47%의 트럼프를 앞섰다.

04
카멀라 해리스의 러닝메이트 팀 월즈

2024년 8월 6일, 카멀라 해리스는 미네소타주지사 팀 월즈(Tim Walz)를 러닝메이트로 선택했다. 이 결정은 많은 이들에게 놀라움을 주었지만, 팀 월즈의 정치적 경력은 이 선택을 이해하는 데 중요한 배경을 제공한다. 미국 정치 무대의 중심에서 주지사로서의 길을 걸어온 팀 월즈는 그의 탁월한 리더십과 사회 정의에 대한 헌신으로 널리 알려져 있다. 미네소타주지사로서 그는 공공 서비스의 중요성을 강조하며 교육, 보건, 경제 발전 등 여러 분야에서 혁신적인 변화를 추구해왔다. 카멀라는 월즈의 군 경력, 교육자 경험, 그리고 주지사로서의 성과, 정치적 역량과 리더십을 높이 사고 해리스 캠프에 큰 도움이 될 것으로 기대했다.

팀 월즈는 1964년 4월 6일, 네브래스카주 웨스트포인트에서 태어났다. 네브레스카주의 인구 수백 명의 작은 마을에서 태어난 월즈는 정계 입문 전 고교 지리 교사 겸 미식축구 코치로 일했다. 6·25 전쟁에 참전한 부친의 뒤를 따라 자신도 17세 때부터 비상근 주 방위군으로 복무하는 등 정치인으로서 대중 친화적이고 마음씨 좋은 동네 아저씨 같은 이력을 쌓았다.

팀 월즈는 어릴 때부터 리더십을 보였으며, 학교에서도 뛰어난 학업 성적과 함께 다양한 활동에 참여했다. 그는 마운트 마티 칼리지에서 사회학 학사를 취득한 후, 미네소타주 만카토로 이동해 대학원 과정을 이수했다.

대학 졸업 후, 국가에 봉사하기로 결심하고 미네소타 육군 방위군에 입대했다. 그는 그곳에서 24년간 복무하며 상사로 진급했으며, 여러 차례의 해외 파병을 통해 국제적인 감각과 리더십을 길렀다. 군 경력은 그의 정치적 신념과 가치관에 큰 영향을 미쳤다.

퇴역 후, 월즈는 만카토 웨스트 고등학교에서 사회 과학 교사로 근무하기 시작했다. 그는 교육의 중요성을 깊이 깨달았으며, 학생들에게 더 나은 교육 환경을 제공하기 위해 헌신했다. 그의 열정과 헌신은 지역 사회에서 인정받았고, 이는 그의 정치적 커리어의 시작점이 되었다.

2006년, 월즈는 민주당 후보로 미네소타 1지구 연방 하원의원 선거에 출마했다. 그의 캠페인은 공정한 경제 정책과 보편적 건강보험, 그리고 교육의 중요성을 강조했다. 그의 진정성 있는 접근 방식과 구체적인 정책 제안은 유권자들의 마음을 사로잡았고, 그는 당선되었다.

연방 하원의원으로서 월즈는 여러 중요한 법안을 추진하며 주목받았다. 그는 농업, 보건, 교육 등 다양한 분야에서 활동하며, 특히 농업 정책과 베테랑 지원 정책에 큰 영향을 미쳤다. 그의 노력은 미네소타 주민들뿐만 아니라 전국적으로도 긍정적인 평가를 받았다.

월즈는 농업위원회와 군사위원회에서 활동하며 농민들과 베테랑들의 목소리를 대변했다. 그는 베테랑들이 사회에 원활히 복귀할 수 있도록 지원하는 법안을 통과시키는 데 앞장섰으며, 농업 기술과 지속 가능한 농업 방법을 촉진하는 정책을 추진했다.

2018년, 월즈는 미네소타주지사 선거에 출마하여 당선되었다. 주지사로서 그의 첫 번째 목표는 교육 시스템의 혁신이었다. 그는 모든 학생들에게 동등한 교육 기회를 제공하기 위해 예산을 증액하고, 교사들의 처우를 개선하는 등 다양한 정책을 도입했다.

또한, 월즈는 보건 시스템의 개선에도 많은 노력을 기울였다. 그는 미네소타주의 모든 주민들이 양질의 의료 서비스를 받을 수 있도록 하는 데 중점을 두었으며, 특히 저소득층과 취약 계층을 위한 지원을 확대했다. 그의 보건 정책은 많은 사람들에게 큰 혜택을 주었으며, 이는 그의 높은 지지율로 이어졌다.

경제 발전 또한 주지사 임기 동안 중요한 이슈였다. 그는 친환경 에너지 정책을 추진하며 새로운 일자리 창출과 경제 성장을 도모했다. 미네소타주의 경제는 그의 지도 아래 안정적으로 성장했는데 그것은 그의 리더십과 전략적 접근 덕분이었다.

2020년, 코로나19 팬데믹이 전 세계를 강타했을 때, 월즈 주지사는 신속하고 효율적인 대응을 보였다. 그는 과학적 근거에 기반한 정책을 수립하고, 주 내의 모든 자원을 동원해 확산을 방지하려 노력했다. 월즈는 주지사로서의 책임감을 느끼며, 주민들의 안전과 건강을 최우선으로 삼았다.

그는 주 내 병원과 의료 시스템을 강화하고, 코로나19 검사와 백신 접종을 위한 인프라를 구축하는 데 앞장섰다. 그의 리더십 아래 미네소타주는 팬데믹의 어려움을 비교적 잘 극복했으며, 이는 그의 정치적 입지를 더욱 공고히 하는 계기가 되었다.

연방 하원의원 시절 팀 월즈는 총기 관련 권리와 이스라엘, 송유관 건설 등을 지지한 투표 이력으로 인해 당내 온건파로 평가됐지만 주지사로서 낙태, 유급휴가 보장, 학생들에 대한 보편적 무상급식, 총기 구입자에 대한 이력 심사 등 문제에서 분명한 진보성향을 드러냈다는 평가를 받고 있다. 이런 이력이 카멀라 해리스가 팀 월즈를 러닝 메이트로 선택하게 된 배경일 수 있겠다.

　　팀 월즈의 인생 경력은 헌신과 리더십의 본보기라 할 수 있다. 그의 정치적 여정은 단순한 개인의 성공을 넘어, 많은 사람들에게 감동을 주는 이야기이다. 미네소타주지사로서 그리고 카멀라 해리스의 러닝메이트로서 그는 앞으로도 많은 이들에게 긍정적인 영향을 미칠 것이다. 그의 이야기는 진정한 리더란 무엇인지, 그리고 어떻게 사회에 기여할 수 있는지를 보여주는 생생한 예이다.

　　팀 월즈는 카멀라 해리스의 러닝메이트로 지명되면서 2024년 대통령 선거에서 중요한 역할을 맡게 되었다. 그의 경험은 카멀라 해리스가 다양한 정책을 효과적으로 추진하는 데 기여할 것이다. 팀 월즈는 미네소타주지사로서 많은 성과를 거두었으며, 이는 카멀라의 캠페인에 긍정적인 영향을 미칠 것이다. 미네소타의 성공 사례는 카멀라가 미국 전역에서 추진할 정책의 모델이 될 수 있다.

　　카멀라 해리스와 팀 월즈 팀은 공정한 경제, 사회 정의, 환경 보호 등 다양한 이슈에서 공통된 비전을 공유하며, 그들의 협력은 많은 이들에게 희망을 주었다. 그들의 캠페인은 미국의 미래를 위한 긍정적인 변화를 약속하며, 많은 유권자들의 지지를 받았다.

05
대통령 후보로서의 도전

카멀라 해리스는 소수인종 출신 대선 후보로서 자신이 가장 먼저 해야 할 일을 잘 알고 있었다. 그것은 다양한 유권자 그룹의 지지를 확보하는 것이었다. 젊은 유권자, 여성, 소수자, 노동자 계층을 비롯한 다양한 그룹을 포괄하는 것이다.

카멀라는 우선 젊은 유권자들의 관심사를 반영하는 정책을 제시했다. 교육과 취업 기회 확대, 환경 보호, 디지털 참여 강화 등을 포함하는 포괄적 정책이었다. 카멀라는 자신의 다양성과 포용성을 강조하며, 모든 미국인을 위한 공정한 사회를 만들겠다는 메시지를 전달했다.

둘째로, 여성 유권자들에게 어필하는 정책을 제시했다. 성평등 실현, 여성 건강 보호, 여성 리더십 강화 등을 포함하는 정책이었다.

셋째로, 소수자 유권자들에게 어필하는 정책을 제시했다. 인종 차별 철폐, 소수자 경제 기회 확대, 소수자 교육 지원 등을 아우르는 정책이었다.

넷째로, 노동자 계층의 지지를 얻기 위한 정책을 제시했다. 최저 임금 인상, 노동자 권리 보호 강화, 직업 훈련 프로그램 확대 등을 포함한다.

카멀라 해리스는 중도층과 부동층 유권자들의 표를 확보하는 것이 중요하다는 것도 잘 알고 있었다. 트럼프의 극단적인 정책과 언행에 대한 반감을 가지고 있는 유권자들에게 합리적이고 실용적인 대안을 제시하고자 노력했다. 카멀라는 공정성과 포용성을 강조하는 정책을 제안하면서, 트럼프의 극단적인 정책과의 차별화를 명확히 했다.

카멀라 해리스의 캠페인 팀은 유권자들과 효과적으로 소통하고, 공감대를 형성하는 데 주력했다. 그녀의 캠페인 팀은 소셜 미디어와 디지털 플랫폼을 적극 활용하여 유권자들과 소통하는 데 전력을 기울였다. 그들은 젊은 유권자들을 중심으로 한 디지털 참여를 촉진하는 것이 가장 중요하다는 것을 알고 있었고 그것을 실천했다.

카멀라 해리스의 선거 전략의 핵심 중 하나는 강력한 온라인 캠페인이다. 그녀는 소셜 미디어 플랫폼을 적극 활용하여 유권자들과 소통하고, 자신의 정책과 비전을 널리 알렸다. 카멀라는 트위터, 페이스북, 인스타그램 등 다양한 플랫폼에서 라이브 스트리밍, 동영상 메시지, 인터랙티브 Q&A 세션을 통해 유권자들과 직접 소통했다.

카멀라는 유세와 타운홀 미팅을 통해 직접 유권자들과 만나는 기회를 늘려나갔다. 유권자들의 의견에 귀를 기울이고 그들의 요구와 기대에 부응하는 정책을 제시하자 반응이 뜨거웠다.

카멀라는 자신의 개인적인 경험과 정책 비전을 스토리텔링 형식으로 전달하는 데 능해서 유권자들의 많은 공감을 얻어냈고. 유권자들에게 그녀의 리더십과 진정성을 부각시켰다.

카멀라는 캠페인 책임자로서 경험과 전문성을 갖춘 인물을 임명하고 그들의 능력을 이끌어내서 캠페인을 성공시키는 데도 능란했다.

카멀라 해리스의 선거 전략을 짜고 폭넓은 지지층을 구축하는 데 중요한 역할을 한 인물들은 젠 오말리 딜런, 데이비드 플루프, 데이비드 악셀로드, 스테파니 커터, 미치 스튜어트, 데이비스 바인더 등 여러 명의 선거 전략가와 고문들이다. 이들은 각각의 분야에서 탁월한 능력을 발휘하며, 카멀라의 캠페인이 성공적으로 진행될 수 있도록 기여했다. 이들의 경험과 전문 지식은 카멀라가 다양한 유권자 그룹의 지지를 확보하고, 선거에서 승리하는 데 중요한 역할을 해주었다.

또한, 카멀라 해리스는 뛰어난 연설가로서의 강점을 활용하여 유권자들에게 감동을 주었다. 그녀는 대중 연설과 토론에서 자신의 정책과 비전을 명확하고 설득력 있게 전달하며, 유권자들의 마음을 사로잡았다. 특히, 그녀는 트럼프 전 대통령과의 토론에서 강력한 퍼포먼스를 보여주며 자신의 리더십과 능력을 입증했다.

선거기간 동안 카멀라 해리스에게는 많은 행운이 따랐다. 바이든 대통령의 전격 사퇴로 대통령 후보직을 거머쥔 것부터 시작해서 갖은 행운이 따라왔다.

2024년 대통령 선거에서 도널드 트럼프의 러닝메이트로 지명된 제임스 데이비드 밴스(J.D. Vance)는 여러 구설수에 오르며 정치적 논란의 중심에 섰다. 이러한 논란은 트럼프 캠프에 나쁜 영향을 미쳤으며, 카멀라 해리스 진영에는 유리한 상황을 조성해 주었다.

또 다른 행운은 7월 27일 트럼프 전 대통령의 재집권에 대비하는 정책을 마련해온 '프로젝트 2025'의 총책임자 폴 댄스가 사임한 것이었다. 그의 사임은 트럼프 진영에 큰 충격을 주었고, 해리스 캠프에는 유리한 상황을 만들어 주었다.

헤리티지재단의 '프로젝트 2025'는 트럼프의 재집권을 대비해 마련된 정책 프로젝트다. 이 프로젝트는 트럼프의 재집권을 위한 극단적인 정책을 제안하며, 보수층의 강력한 지지를 얻고자 했다. '프로젝트 2025'는 트럼프의 재집권을 목표로, 새로운 행정부의 정책 방향을 설정하고, 이를 효과적으로 실행하기 위한 계획을 수립하는 프로젝트였다. 폴 댄스는 이 프로젝트의 총책임자로서 모든 계획과 실행을 총괄했다. 폴 댄스는 오랜 기간 헤리티지재단에서 활동하며 보수적 가치를 지지하는 정책 연구와 개발에 주력해왔다. 그의 전문성은 정책 수립과 실행에 있어 중요한 자산이었다. 그의 역할은 트럼프의 재집권을 위해 정책적 준비를 하고, 이를 실행할 수 있는 구체적인 계획을 수립하는 것이었다.

110여 개 보수 조직과 각 분야의 보수적 전문가들이 참여한 '프로젝트 2025'는 '트럼프 2기'를 위해 '보수의 약속'이라는 정책 자료집 성격의 900여 쪽짜리 책자를 내놨다.

그러나 이러한 정책이 중도층이나 부동층을 멀어지게 할 가능성이 있다는 우려가 제기되었다.

폴 댄스의 사임 배경에는 여러 요인이 있다. 그의 사임은 트럼프 캠프 내부의 갈등과 정책적 불협화음, 그리고 대외적으로는 중도층과 부동층의 반발을 불러일으킬 수 있는 극단적 정책 때문이라는 해석이 있다.

민주당과 카멀라 해리스는 '프로젝트 2025'를 트럼프 전 대통령을 공격하는 주요 소재로 써왔다. 민주당 의원들은 이들의 정책을 저지하겠다며 태스크포스도 만들었다. 이에 트럼프 전 대통령 쪽은 '프로젝트 2025'는 자신들과 전혀 무관하다고 반박해왔다. 그러나 피터 나바로 전 백악관 무역 제조업 정책 국장 등 최측근들을 비롯해 트럼프 1기 행정부 인사가 100명 넘게 참여했다는 점에서 설득력이 없는 해명이라는 지적을 받았다.

가령 임신중지권을 두고 '프로젝트 2025'는 임신중지 약물 우편 배송 금지 등 연방 정부 차원의 적극적인 규제를 주장했다. 트럼프 전 대통령도 애초 연방 차원의 규제에 찬성하는 것으로 인식됐었는데 2024년 4월 임신중지는 "주별로 결정해야 한다"는 입장을 공식적으로 밝히며 한발 뺐다. 이는 보수 기독교계의 실망에도 불구하고 부동층과 여성 표를 의식했다는 평가가 나왔다.

트럼프 캠프 내부에서는 정책 방향과 실행 계획에 대한 갈등이 있었다. 폴 댄스의 극단적인 정책이 트럼프 캠프 내 일부 인사들로부터 반발을 샀으며, 이는 결국 그의 사임으로 이어졌다. 폴 댄스의 사임은 트럼프 캠프에 대한 신뢰성을 떨어뜨렸다. 유권자들은 캠프 내 혼란을 보며, 트럼프의 리더십에 대한 의구심을 가졌다.

폴 댄스의 사임과 트럼프 진영의 내부 갈등은 민주당이 단결할 수 있는 계기가 되었다. 카멀라는 민주당 내에서의 리더십을 발휘하여 당내 단결을 이끌어냈으며, 이를 통해 선거에서 강력한 지지 기반을 구축할 수 있었다.

06
초조해진 트럼프의 공격

카멀라 해리스는 무섭게 돌풍을 이어 나갔다. 그녀가 전국적 여론 조사 지지율에서 박빙을 넘어서 압도적 우세를 이어나가자 초조해진 트럼프는 카멀라를 향한 공격을 강화하기 시작했다.

트럼프 캠프에서 "해리스가 바이든의 선거자금 9,150만 달러를 이어 받는 것은 뻔뻔한 자금 강탈"이라며 연방선거관리위원회(FEC)에 바이든과 해리스를 나란히 고발했다.

7월 31일 전미흑인언론인협회(NABJ) 초청 토론에서 트럼프는 경쟁자인 카멀라 해리스 부통령을 겨냥해 "그녀가 인도계냐 흑인이냐, 나는 모르겠다"라며 인종주의 발언을 했다. 그는 "그녀는 그동안 쭉 인도인이었지만 갑자기 흑인이 되기로 선택했다"면서 카멀라 해리스가 대선 때문에 흑인 행세를 하고 있다고 비판했다. 하지만 이 발언은 많은 논란을 야기하면서 역효과를 낳고 있다.

'총격 사건' 이후 국민 통합을 강조하며 여유있는 태도를 보였던 트럼프는 카멀라가 치고 올라오자 다시 독설을 쏟아냈다. 트럼프는 "솔직히 말해 해리스는 '급진 좌파 미치광이'입니다."라고 떠벌였다. 그의 막말은 "무능하다"부터 "돌처럼 멍청하다", "미치광이"까지 이어졌다. 뉴욕타임스는 해리스 등판으로 다급해진 트럼프를 꼬집으며 "당혹스러워 보인다"고 보도했다.

초조해진 것은 지지자도 마찬가지였다. 트럼프를 공개 지지한 테슬라 최고 경영자 일론 머스크는 자신의 SNS에 해리스 관련 영상을 공유했는데 알고 보니 인공지능 AI로 만든 가짜 영상으로 드러났다.

트럼프는 인도식 이름을 쓰는 해리스는 흑인이 아닌 인도계라면서 인종 갈라치기를 이어갔다.

그는 '연꽃'이라는 뜻의 카멀라의 인도식 이름을 조롱했다.

"미친 카멀라를 이깁시다. 하멀라? 해멀라? 아니지, 까멀라요."

또한, 공화당 부통령 후보 J.D. 밴스는 카멀라가 흑인이 많이 거주하는 남부지역의 억양을 거짓으로 구사했다며 정체성을 공격했다.

"해리스가 지난번 애틀랜타에 왔을 때 가짜 남부 억양으로 말을 했죠. 그녀는 캐나다에서 자랐는데 말이에요. 너무 이상하죠?"

트럼프 팀이 카멀라 해리스는 흑인이 아니라며 정체성 공격을 이어가고 있는 데 대해, 뉴욕타임스 등 언론들은 "흑인 유권자들과 해리스를 갈라놓으려는 전략이지만, 유례없는 역풍을 불러올 수도 있다"고 보도했다.

카멀라 해리스와 트럼프는 TV 토론 주관 방송사를 놓고 서로 겁먹었냐고 자극하며 기싸움을 벌였다. TV 토론을 놓고 선제공격을 한 것은 트럼프이다. "(카멀라 해리스 측이) 또 TV 토론을 하자고 하네요. 우리는 폭스뉴스에서 할 겁니다. 그녀가 나타난다면요. 하지만 안 나타날 것 같습니다."

트럼프는 소셜 미디어를 통해 9월 4일 보수 매체인 폭스뉴스가 주관하는 TV 토론을 하자고 제안했다. 당초 바이든 대통령 측과 합의한 일정은 9월 10일 ABC 방송 토론이었다. 하지만 바이든이 포기를 했으니 이 일정은 취소됐다는 주장이다.

해리스를 향한 도발도 잊지 않았다.

"(해리스는) 말을 못 해요. 텔레프롬프터를 읽을 뿐이죠. 그녀의 점수는 10점 만점에 6점이지만, 말하는 점수는 1점도 못 줍니다."

해리스 캠프 역시 양보할 기색이 없었다. 바이든 대통령과는 '언제, 어디서든' 토론하겠다던 트럼프가 '특정 시간, 특정 장소'로 바꿨다며 원래대로 ABC 방송 토론을 해야 한다고 맞섰다.

해리스 캠프 측은 성명을 내고 "겁을 먹은 트럼프가 토론에서 발을 빼면서, 자신을 구해달라고 폭스뉴스에 달려가고 있다."고 비난했다. 트럼프 측은 폭스뉴스 토론을 받아들이지 않으면 아예 앞으로 얼굴 볼 일 없을 거라고 최후통첩까지 했다. 그래서 두 대선 후보가 어쩌면 토론 한번 없이 대선을 치르게 될지 모른다는 이야기도 나왔다. 이러한 상황에서 해리스 팀은 "두려움 없이"라는 슬로건을 내걸었다. '두려움 없는 검사'의 이미지를 부각시키고 트럼프와의 대결에서 '검사 대 범죄자' 프레임으로 차별화 전략을 편 것이다.

사실 트럼프는 34건의 중범죄 혐의로 기소되었고, 유죄 판결까지 받은 상태다. 뉴욕 주검찰은 트럼프와 그의 가족, 그리고 트럼프 그룹을 대상으로 사기 및 금융 범죄 혐의로 민사 소송을 제기했다. 또 조지아주에서는 2020년 대통령 선거 결과를 뒤집기 위한 트럼프의 시도에 대해 수사가 진행 중이다. 거기에다 트럼프는 2021년 1월 6일 국회의사당 폭동 사건과 관련하여 선동 및 공모 혐의로 조사를 받고 있다. '검사 대 범죄자' 프레임으로 펼쳐지는 2024년 미국 대선은 미국 정치사에서 중요한 전환점이 될 것이다.

07
대통령으로 가는 길

카멀라 해리스는 공식 대선 후보로 선출된 후 본격적인 대선 캠페인을 시작했다. 우선, 대선 캠프의 핵심 책임자들을 버락 오바마 전 대통령의 참모들로 물갈이하면서 본격 대권 도전에 시동을 걸고 나섰다.

8월 2일, 미국의 워싱턴포스트(WP)의 보도에 따르면 해리스 부통령은 조 바이든 미국 대통령이 대선 후보에서 사퇴하자마자 바이든의 대선 캠프를 그대로 물려받았지만, 공식 후보로 선출된 이후, 최초의 흑인 대통령 오바마의 당선을 보좌한 선거 베테랑들로 다수 교체했다.

먼저, 오바마 전 대통령이 치른 두 번의 대선에서 수석 전략가로 활동했던 데이비드 플루프(David Plouffe)가 전략 담당 수석 고문으로 캠프에 합류했다. 그는 2008년 버락 오바마의 대선 캠페인을 성공적으로 이끈 핵심 인물 중 하나다. 그는 혁신적인 데이터 기반 전략과 효율적인 자원 배분으로 오바마의 승리를 도왔으며, 정치 전략가로서의 명성을 확립했다.

플루프는 유권자 데이터를 분석하고, 맞춤형 메시지를 전달하는 전략을 통해 오바마 캠페인의 효율성을 극대화했다. 이는 유권자들과의 강력한 연결을 가능하게 했다. 그는 선거 자원을 효율적으로 배분하여 중요한 경합 주에서 승리를 확보하는 데 중요한 역할을 했다.

오바마 캠프의 부책임자였던 스테파니 커터(Stephanie Cutter)도 신임 메시지 전략 담당 수석으로 선임됐다. 커터는 이미 수개월간 해리스 부통령과 인터뷰 준비 등을 하면서 손을 맞춰 온 인사다. 그녀는 잘 알려진 민주당 전략가이자 커뮤니케이션 전문가로 오바마 행정부 시절 주요 역할을 맡았다.

스테파니 커터는 2004년 존 케리 대선 캠프에서 대변인으로 활동하며 처음으로 주목을 받았다. 이후, 버락 오바마 대통령의 2008년과 2012년 대선 캠프에서 중요한 역할을 했다. 오바마 행정부에서는 백악관 부참모장과 커뮤니케이션 디렉터로 활동하며 정부의 메시지 전달과 미디어 전략을 총괄했다.

데이비드 악셀로드(David Axelrod)는 2008년과 2012년 버락 오바마의 대선 캠페인을 성공적으로 이끈 핵심 인물이다. 그는 오바마의 메시지 전략을 총괄하며 효과적인 커뮤니케이션을 통해 오바마의 비전과 정책을 대중에게 전달하는 데 중요한 역할을 했다. 악셀로드는 해리스 캠프의 메시지 전달과 미디어 전략을 총괄하며, 카멀라의 비전과 정책을 효과적으로 전달하는 데 중요한 역할을 맡았다.

오바마 캠프에서 풀뿌리 조직 전략가로 활동한 미치 스튜어트(Mitch Stewart)와 여론조사를 담당했던 데이비스 바인더(David Binder)도 해리스 캠프에서 여론조사를 이끌었다. 스튜어트는 해리스 캠프의 현장 조직 전략을 수립하고, 이를 통해 유권자들과의 직접적인 접촉을 강화했다. 그는 지역 커뮤니티와의 협력과 자원봉사자 네트워크 구축에 중점을 두었다. 스튜어트는 유권자 등록과 투표율을 높이기 위한 캠페인을 기획하고 실행했다. 이를 통해 해리스 캠프는 많은 새로운 유권자들을 확보할 수 있었다.

데이비스 바인더는 해리스 캠프의 여론조사 및 데이터 분석 책임자로서 중요한 역할을 맡았다. 바인더는 오바마의 대선 캠프에서 여론조사 및 데이터 분석을 통해 전략적 결정을 지원했던 경험이 있는 베테랑으로, 그의 분석 능력과 통찰력은 해리스 캠프에 큰 힘이 되었다.

이들은 모두 젠 오말리 딜런(Jen O'Malley Dillon)의 지휘를 받았다. 카멀라 해리스는 민주당의 공식 대선 후보로 선출된 후, 캠프의 전반적인 운영과 전략 수립을 강화하기 위해 젠 오말리 딜런을 선거대책본부장으로 임명했다. 그녀는 조 바이든 대통령의 2020년 대선 캠페인을 총괄했고, 이어 2024년에도 바이든 선거대책위원장으로 대선을 준비한 인물이다. 바이든이 대통령이 된 지 3년 동안 백악관 부참모장을 지냈다. 그녀는 민주당에서 승리한 최초의 여성 대선 캠페인 관리자이다.

이로써 해리스 캠프는 현재 1,300명이 넘는 인원과 130개가 넘는 사무실을 갖추게 됐다. 딜런 위원장은 조직화를 강화하고, 유권자 접촉과 참여를 극대화하기 위한 전략을 계속해서 실행해 나갔다.

워싱턴포스트(WP)는 해리스 부통령을 중심으로 재구축된 캠프 구조에 따라 지도부가 바이든 충성파와 해리스 충성파 등 두 갈래로 갈라져 있던 기존 캠프의 문제점이 해결될 것이라고 평가했다. 기존 캠프는 바이든 대통령이 만들었다는 태생적 특징으로 인해 바이든 행정부의 핵심 인사들과는 효과적으로 소통했지만, 해리스 캠프로 전환된 이후에는 의사결정이 느려지는 문제가 있었던 것으로 전해진다.

해리스 캠프의 재구축은 기존의 문제점을 해결하고, 캠페인의 효율성과 효과성을 크게 향상시켰다. 카멀라는 통합된 리더십과 빠른 의사결정을 통해 캠페인의 조직화를 강화하고, 유권자들과의 직접적인 접촉을 통해 지지를 확보했다.

딜런은 그녀의 전문성을 바탕으로 해리스 캠프의 조직화와 전략 수립을 총괄하며, 전국적인 캠페인 조직을 구축하고, 유권자 접촉을 강화하는 데 중요한 역할을 했다.

카멀라 해리스는 전국을 돌며 유세를 하고, 다양한 온라인 플랫폼을 통해 유권자들과 소통했다. 그녀는 자신의 비전과 정책을 설명하며 유권자들의 지지를 얻기 위해 노력했다.

08
카멀라 해리스의 주요 공약

카멀라 해리스는 캘리포니아 검찰총장 겸 법무장관, 그리고 미국 부통령을 지내면서 꾸준히 추진해 온 정책들을 보완하고 다듬어서 새롭게 공약으로 내놓았다. 연속성이 있는 대통령 후보 카멀라 해리스의 주요 공약은 다음과 같다.

1. 형사사법개혁

형사사법개혁을 통해 경찰의 책임성을 강화하고, 형사사법시스템의 공정성을 높이려는 강한 의지를 가지고 있다. 그녀의 공약은 경찰의 불법 행위와 과잉 진압을 감시하고, 재소자들의 재활과 사회 복귀를 지원하며, 비폭력 마약 범죄자들의 형량을 완화하는 등 다양한 측면에서 형사사법시스템을 개선하는 데 초점을 맞추고 있다. 이러한 정책들은 형사사법시스템이 더 공정하고 인도적으로 작동하도록 하며, 특히 소수자와 취약계층에게 불리하게 작용하는 문제를 해결하는 데 중요한 역할을 할 것이다.

경찰 책임성 강화 : 경찰의 행동을 감시하고 과잉 진압 사례를 철저히 조사하는 독립 기구를 설립할 계획이다. 이 기구는 경찰의 불법

행위와 과잉 진압을 감시하고, 이를 공정하고 투명하게 조사할 권한을 갖게 된다. 미국에서는 경찰의 과잉 진압과 인종차별적인 행동이 큰 사회적 문제로 대두되어 왔다. 조지 플로이드 사건과 같은 사례는 경찰의 책임성을 강화해야 한다는 요구를 더욱 높였다.

카멀라는 독립 기구가 경찰의 행동을 실시간으로 감시하고, 사건 발생 시 즉각적으로 조사에 착수할 수 있는 권한을 부여할 것이다. 이 기구는 연방, 주, 지방 경찰 모두를 대상으로 활동하며, 공정한 조사를 위해 법률 전문가와 인권 전문가들로 구성될 예정이다. 이 법안이 시행되면 경찰의 불법 행위가 감소하고, 피해자와 그 가족들이 공정한 조사를 받을 수 있을 것이다.

재범 방지 프로그램 확대 : 교도소 내 교육과 직업 훈련 프로그램을 강화하여 재소자들이 사회에 복귀할 수 있도록 지원할 계획이다. 이는 재소자들이 출소 후 직업을 구하고 사회에 정착할 수 있도록 돕는 중요한 프로그램이다.

많은 재소자들이 출소 후 직업을 구하지 못하고, 다시 범죄를 저지르는 경우가 많다. 재소자들이 출소 후 사회에 정착하는 데 필요한 교육과 직업 훈련을 받지 못했기 때문이다. 교도소 내 교육 프로그램을 확대하고, 재소자들이 직업 훈련을 받을 수 있는 기회를 제공할 것이다. 교도소 내에서 다양한 직업 기술을 배우고, 출소 후 바로 취업할 수 있도록 돕는 것을 목표로 한다. 재범 방지 프로그램이 강화되면, 재소자들이 출소 후 직업을 구하고 사회에 정착하는 데 도움이 될 것이며, 재범률을 낮추고, 사회의 안전을 높이는 데 기여할 것이다.

형량 완화와 사면 : 미국에서는 많은 비폭력 마약 범죄자들이 과도한 형량을 받고 있다. 이 문제는 교도소 인구를 증가시키고, 사회적 비용을 초래하는 문제로 지적되어 왔다.

카멀라는 마약 범죄에 대한 형량을 완화하는 법안을 제안하면서 비폭력 마약 범죄자들이 과도한 형량을 받는 문제를 해결하고, 재활 기회를 제공하는 것을 목표로 한다. 형량 완화와 사면이 이루어지면, 많은 비폭력 마약 범죄자들이 과도한 형량에서 벗어나 재활의 기회를 얻을 수 있을 것이다. 이는 교도소 인구를 감소시키고, 사회적 비용을 줄이는 데 기여할 것이다.

2. 환경 보호와 기후 변화 대응

기후 변화 대응과 환경 보호를 그녀의 대선 캠페인 핵심 공약으로 내세우고 있다. 그녀는 청정에너지 사용 확대와 탄소 배출 감소를 위한 강력한 정책을 추진할 계획이다. 그녀는 미국을 다시 파리기후협정에 가입시키고, 기후 변화에 대한 글로벌 리더십을 회복하겠다는 의지를 갖고 있다.

카멀라는 미국이 기후 변화 대응에서 글로벌 리더십을 회복하는 것이 필수적이라고 믿고 있다. 2015년, 전 세계 195개국이 참여한 파리기후협정은 지구 온난화를 2도 이하로 제한하고, 1.5도 이하로 유지하려는 목표를 설정했다. 그러나 트럼프 대통령은 2017년 미국을 파리기후협정에서 탈퇴시키면서 국제적인 기후 변화 대응 노력에 큰 타격을 주었다.

카멀라는 대통령에 당선되면 즉각적으로 미국을 파리기후협정에 재가입시킬 계획이다. 그녀는 미국이 다시 국제 기후 변화 대응의 선두에 서고, 다른 국가들과 협력하여 온실가스 배출을 줄이는 데 기여하는 것을 목표로 한다. 그녀는 "기후 변화는 국경을 초월한 문제이며, 이를 해결하기 위해서는 전 세계적인 협력이 필요하다."고 강조했다.

재생 가능 에너지 산업 육성 : 미국의 에너지 산업을 재생 가능 에너지 중심으로 전환하기 위해 태양광, 풍력, 지열 등 청정에너지 기술을 발전시키기 위한 구체적인 계획이다. 카멀라 해리스는 재생 가능 에너지 산업을 확대하는 것이 경제 성장과 일자리 창출에 중요한 역할을 할 것이라고 믿고 있다. 그녀는 태양광, 풍력, 수력 등 청정에너지 산업에 대한 투자를 대폭 확대할 계획이다. 이를 통해 수백만 개의 새로운 일자리를 창출하고, 경제를 활성화할 것이다.

캘리포니아는 이미 재생 가능 에너지 전환에서 선두를 달리고 있다. 카멀라는 이러한 경험을 바탕으로 전국적으로 청정에너지 정책을 추진할 것이다. 캘리포니아는 2030년까지 전체 에너지의 60%를 재생 가능 에너지로 전환하는 목표를 설정했다. 카멀라는 이 목표를 전국적으로 확장하여 미국 전체가 재생 가능 에너지 사용을 확대하도록 할 계획이다.

또한 에너지 효율성을 높이는 데 중점을 둘 것이다. 건물의 에너지 효율을 개선하고, 스마트 그리드 기술을 도입하여 에너지 사용을 최적화하는 정책을 추진할 계획이다. 이는 에너지 소비를 줄이고 온실가스 배출을 감소시키는 데 기여할 것이다.

환경 정의 실현 : 카멀라 해리스는 환경 정의를 중요한 이슈로 보고 있다. 저소득층과 소수자 커뮤니티는 기후 변화와 환경오염의 영향을 더 많이 받는 경향이 있다. 카멀라는 이러한 취약계층을 보호하고, 환경 정의를 실현하기 위한 정책을 추진할 계획이다.

카멀라는 모든 미국인이 깨끗한 공기와 물을 누릴 수 있도록 할 것이다. 이를 위해 오염물질 배출을 규제하고, 수질을 보호하는 정책을 강화할 계획이다. 환경 감시와 규제가 강화되면 환경오염이 줄어들고, 피해 복구 지원을 통해 환경 복원이 이루어질 것이다.

3. 경제 회복과 일자리 창출

경제 회복과 일자리 창출을 위한 다양한 공약을 제시하고 있는데 중소기업 지원, 최저임금 인상, 직업 훈련 프로그램 확대 등 세 가지 주요 내용으로 구성되어 있다.

중소기업 지원 : 중소기업이 경제 성장의 핵심 동력이라고 믿고 있으며, 이를 지원하기 위한 다양한 프로그램을 강화할 계획이다.

중소기업은 미국 경제의 중요한 축을 이루고 있다. 그러나 코로나 19 팬데믹으로 인해 많은 중소기업이 심각한 타격을 입었으며, 회복을 위해서는 정부의 지원이 절실히 필요하다.

중소기업이 운영 자금을 확보할 수 있도록 저금리 대출 프로그램을 도입할 것이다. 이는 중소기업이 팬데믹 이후 재정적으로 안정될 수 있도록 돕는 데 중요한 역할을 할 것이다.

중소기업에 대한 세금 감면 정책을 통해 재정적 부담을 줄이고, 재투자와 고용 창출을 촉진할 것이다. 중소기업이 연방 정부와의 계약 기회를 더 많이 확보할 수 있도록 지원해서 중소기업이 안정적인 수익을 창출하고, 성장할 수 있는 발판을 마련할 것이다.

중소기업 지원 프로그램이 강화되면, 중소기업의 회복과 성장이 촉진되고, 이는 경제 전반의 활력을 높이고, 지역 경제를 활성화하는 데 기여할 것이다. 중소기업이 성장하면 새로운 일자리가 창출되고, 경제적 불평등이 해소되는 데 도움이 될 것이다.

최저임금 인상 : 최저임금을 인상하여 노동자들이 공정한 대우를 받을 수 있도록 할 것이다. 카멀라 해리스는 전국 최저임금을 시간당 15달러로 인상하여 노동자들이 공정한 대우를 받을 수 있도록 할 계획이다.

미국의 최저임금은 오랫동안 동결되어 왔으며, 많은 노동자들이 생활비를 감당하기 어려운 상황에 놓여 있다. 카멀라는 최저임금을 단계적으로 인상하여 노동자들이 공정한 임금을 받을 수 있도록 할 것이다. 최저임금 인상은 저임금 노동자들의 생활수준을 향상시키고 경제적 불평등을 줄이는 데 중요한 역할을 할 것이다.

최저임금 인상으로 인해 영향을 받을 수 있는 중소기업과 자영업자들을 지원하기 위한 프로그램을 도입할 것이다. 이는 소상공인들이 최저임금 인상으로 인한 재정적 부담을 덜고 지속 가능하게 운영할 수 있도록 돕는 데 중요하다.

최저임금 인상이 이루어지면 저임금 노동자들의 생활수준이 향상될 것이다. 최저임금 인상은 경제적 불평등을 줄이고 공정한 임금 분배를 촉진하는 데 중요한 역할을 할 것이다. 이는 소비력을 높이고 경제 전반의 성장에 기여할 것이다.

직업 훈련 프로그램 확대 : 직업 훈련 프로그램을 통해 노동자들이 새로운 기술을 습득하고 더 나은 일자리를 찾을 수 있도록 지원할 계획이다.

빠르게 변화하는 기술 환경과 글로벌 경제의 변화 속에서 노동자들이 지속적으로 새로운 기술을 배우고 적응하는 것이 중요하다. 첨단 기술 교육 프로그램을 도입하여 노동자들이 IT, 데이터 분석, 인공지능 등 새로운 기술을 습득할 수 있도록 지원할 계획이다. 그리고 대학과 기업 간의 산학 협력을 강화하여 학생들이 졸업 후 바로 직업 현장에 적응할 수 있도록 할 것이다. 이는 실습과 인턴십 프로그램을 통해 이루어질 것이다.

또한, 지역사회 기반의 직업 훈련 프로그램을 확대하여, 지역 경제와 노동 시장의 특성에 맞는 교육을 제공할 것이다. 성인 노동자들이 새로운 경력으로 전환할 수 있도록 재교육 프로그램을 제공할 것이다. 직업 훈련 프로그램이 확대되면 노동자들이 새로운 기술을 습득하고 더 나은 일자리를 찾을 수 있는 기회가 늘어날 것이다.

4. 공중 보건과 의료 접근성 강화

공중 보건과 의료 접근성을 강화하기 위한 공약을 내걸고 있는데 코로나19 대응 강화, 공공 보건 시스템 강화, 의료 접근성 확대 등 세 가지 주요 내용으로 구성되어 있다.

코로나19 대응 강화 : 코로나19 팬데믹은 아직도 진행 중이다. 바이든 대통령이 후보직을 사퇴하게 된 계기 중 하나가 트럼프와의 TV 대담 직후 코로나19에 감염된 까닭인지도 모른다. 카멀라 해리스는 코로나19 팬데믹을 종식시키기 위해 백신 배포와 접종을 촉진하는 정책을 지속적으로 추진할 계획이다.

코로나19 팬데믹은 전 세계적으로 심각한 영향을 미쳤다. 백신이 개발되고 배포되면서 팬데믹을 통제할 수 있는 기회가 생겼지만, 여전히 많은 지역에서는 백신 접종률이 낮고, 이를 촉진하기 위한 노력이 필요하다. 백신 접종에 대한 인식을 높이고 접종을 촉진하기 위해 대대적인 캠페인을 벌일 것이다. 백신 배포 시스템을 개선하여 의료 접근성이 낮은 지역과 소외된 커뮤니티에 백신이 원활히 전달될 수 있도록 할 것이다. 백신 접종 인프라를 확충하여 접종소와 이동식 클리닉을 더 많이 운영할 계획이다.

백신 배포와 접종 촉진 정책이 성공적으로 시행되면 코로나19 팬데믹을 빠르게 종식시키고 경제 회복과 사회적 정상화를 앞당길 수 있을 것이다. 높은 백신 접종률은 집단 면역을 형성하여 미래의 변종 바이러스 확산을 예방하는 데 기여할 것이다.

공공 보건 시스템 강화 : 공공 보건 인프라를 개선하고, 팬데믹 대응 능력을 강화하기 위한 예산을 확보할 계획이다.

코로나19 팬데믹은 공공 보건 시스템의 중요성을 다시 한번 각인시켰다. 그러나 많은 지역에서는 공공 보건 인프라가 부족하여 효과적인 대응이 어려운 상황이 발생했다. 공공 보건 시스템 강화를 위해 예산을 증액할 것이다. 낙후된 보건 시설을 현대화하고 새로운 보건 시설을 구축할 것이다. 이는 특히 농촌 지역과 저소득층 지역에서 보건 서비스의 질을 향상시키는 데 중요한 역할을 할 것이다. 공공 보건 인프라가 개선되면 팬데믹과 같은 대규모 공중 보건 위기에 더 효과적으로 대응할 수 있게 될 것이다.

의료 접근성 확대 : 저소득층과 소수자들이 양질의 의료 서비스를 받을 수 있도록 지원하는 법안을 추진할 계획이다.

미국의 의료 시스템은 많은 사람들이 의료 서비스에 접근하는 데 어려움을 겪고 있다. 특히 저소득층과 소수자 커뮤니티는 의료비용과 접근성 문제로 인해 충분한 의료 서비스를 받지 못하는 경우가 많다. 그러므로 메디케어 프로그램을 확대하여 더 많은 사람들이 이 혜택을 받을 수 있도록 할 것이다. 이는 저소득층과 노인들이 의료비 부담을 덜고 필요한 의료 서비스를 받을 수 있도록 하는 데 중요하다.

모든 국민이 선택할 수 있는 공공 옵션을 도입으로 기존 사보험 시스템을 보완하여 더 많은 사람들이 저렴한 비용으로 양질의 의료 서비스를 이용할 수 있도록 할 것이다. 미국은 세계 최고의 부자나라지만 건강보험제도는 미흡한 편이다. 그래서 건강보험 보조금을 확대하여 저소득층과 중산층 가정이 보험료 부담을 줄일 수 있도록 할 것이다. 이는 더 많은 사람들이 보험에 가입하고 필요한 의료 서비스를 이용할 수 있도록 돕는 데 기여할 것이다.

의료 접근성이 확대되면 더 많은 사람들이 양질의 의료 서비스를 받을 수 있게 될 것입니다. 이는 국민의 건강을 향상시키고 의료 불평등을 줄이는 데 기여할 것이다. 카멀라 해리스의 공약은 공중 보건과 의료 시스템을 강화하여 미래의 보건 위기에 효과적으로 대응하고, 국민의 건강과 안전을 지키는 데 중요한 기반을 마련할 것이다.

5. 여성과 소수자 권리 보호

여성과 소수자 권리 보호를 중요한 공약으로 삼고 있다. 성평등 실현, 인종 차별 철폐, 소수자 경제 기회 확대 등 세 가지 주요 내용을 중심으로 한 해리스의 공약은 사회 전반의 공정성과 정의를 강화하고, 다양한 배경을 가진 모든 사람들이 공정한 기회를 누릴 수 있도록 하는 데 중요한 역할을 할 것이다.

성평등 실현 : 동등임금법을 통해 동일한 일을 하는 남성과 여성에게 동일한 임금을 지급하도록 하는 법안을 추진할 계획이다.

미국에서는 여전히 동일한 일을 하면서도 남성과 여성이 받는 임금에 큰 차이가 있다. 성별 임금 격차는 여성의 경제적 불평등을 심화시키고 사회 전반에 걸쳐 불공정한 환경을 조성한다. 이를 해결하기 위해서는 법적 제도적 장치가 필요하다.

남성과 여성이 동일한 일을 할 경우 동일한 임금을 받도록 보장하는 동등임금법을 제정해서 고용주가 성별에 따라 임금을 차별하지 못하도록 명확히 규정할 것이다. 고용주가 임금 정보를 투명하게 공개하도록 요구하는 법안을 추진하고, 성별 임금 차별 사례를 감독하고, 피해자들에게 법률 지원을 제공하는 기구를 강화할 것이다.

동등임금법이 시행되면 성별에 따른 임금 격차가 줄어들고 여성의 경제적 지위가 향상될 것이다. 이는 여성의 경제적 자립을 촉진하고 가정과 사회 전반에 긍정적인 영향을 미칠 것이다.

인종 차별 철폐 : 인종 차별을 금지하고 차별적인 관행을 근절하기 위한 법안을 제안할 계획이다. 미국 사회는 여전히 인종 차별과 그로 인한 불평등 문제가 존재한다. 이는 소수자 커뮤니티의 사회적, 경제적 발전을 저해하고, 사회 전반의 통합을 방해하는 요인으로 작용하고 있다. 인종 차별을 근절하기 위해서는 법적 제도적 장치와 함께 사회적 인식 개선이 필요하다.

카멀라는 인종 차별을 금지하는 법안을 제정할 계획이다. 고용, 주거, 교육, 의료 등 모든 분야에서 인종 차별을 금지하고, 이를 위반할 경우 강력한 처벌을 부과할 것이다. 학교와 직장에서 인종 차별 철폐 교육 프로그램을 도입해서 인종 차별에 대한 인식을 개선하고, 포용적이고 다양성을 존중하는 문화를 조성할 것이다.

인종 차별 피해자들을 지원하는 기구를 강화해서 법적 지원, 상담, 재정적 지원 등을 통해 피해자들이 권리를 보호받을 수 있도록 도와준다. 인종 차별 금지 법안이 시행되면 인종 차별적인 관행이 줄어들고, 소수자 커뮤니티의 권리가 보호될 것이다.

소수자 경제 기회 확대 : 여성과 소수자 권리 보호를 위한 여러 가지 공약을 제시하고 있다. 이를 위해 소수자 기업 지원 프로그램을 강화할 계획이다. 소수자 기업은 다양한 경제적 도전에 직면해 있는데 이들의 어려움은 자금 조달의 어려움, 시장 접근성 부족, 경영 지원 부족 등 여러 요인에서 비롯된다. 카멀라는 소수자 기업을 지원하기 위한 펀드를 조성해서 소수자 기업이 자금을 확보하고, 사업을 확장하는 데 필요한 재정적 지원을 받도록 만들 것이다.

소수자 기업이 성공적으로 운영될 수 있도록 기술 및 경영 지원 프로그램을 도입할 것이다. 이 프로그램이 강화되면 소수자 기업이 자금 조달과 경영 지원을 받아 경제적 기회를 확대할 수 있을 것이다. 이는 소수자 커뮤니티의 경제적 자립을 촉진하고 경제 전반의 다양성을 높이는 데 기여할 것이다. 이러한 정책들은 성별과 인종에 따른 불평등을 줄이고 더 포용적이고 공정한 사회를 구축하는 데 기여할 것이다. 카멀라의 공약은 여성과 소수자의 권리를 보호하여 더 나은 미래를 위한 기반을 마련할 것이다.

6. 교육 개혁과 기회 확대

공교육 강화, 대학 학비 지원, 직업 교육 강화 등을 중심으로 한 해리스의 공약은 교육 불평등을 해소하고 모든 학생이 양질의 교육을 받을 수 있도록 하는 데 중요한 역할을 할 것이다.

공교육 강화 : 모든 학생이 양질의 교육을 받을 수 있도록 공립학교의 질을 개선하기 위한 다양한 정책을 추진할 계획이다.

미국의 공교육 시스템은 지역에 따라 편차가 크고, 많은 공립학교가 자금 부족과 교육 환경의 열악함으로 인해 학생들에게 충분한 교육을 제공하지 못하고 있다. 이는 교육 불평등을 심화시키고 사회적 격차를 확대하는 요인이 된다.

공립학교에 대한 예산을 증액하여 교육 환경을 개선하고 교사들의 처우를 향상시킬 것이다. 교사들이 충분한 지원을 받을 수 있도록 다양한 프로그램을 도입할 것이다. 이는 교사들의 연수와 교육 자료 제공, 교사와 학생 간의 상호작용을 증진시키는 프로그램을 포함한다.

공립학교의 질이 개선되면 모든 학생이 양질의 교육을 받을 수 있게 되어 교육 불평등이 해소될 것이다. 이는 학생들의 학업 성취도를 높이고 장기적으로 사회 전반의 교육 수준을 향상시키는 데 기여할 것이다.

대학 학비 지원 : 저소득층 학생들이 대학 학비를 지원받을 수 있도록 장학금과 보조금을 확대할 계획이다.

미국 대학의 학비는 매우 높아 많은 학생들이 학자금 대출에 의존하고 있다. 이는 졸업 후에도 큰 재정적 부담으로 남아, 경제적 불평등을 심화시키는 요인이 된다. 특히 저소득층 학생들은 학비 부담 때문에 대학 진학을 포기하는 경우가 많다.

　대학 학비 지원이 확대되면 저소득층 학생들이 경제적 부담 없이 대학에 진학할 수 있게 되어 교육 기회가 평등해지고 더 많은 학생들이 고등 교육을 통해 더 나은 직업 기회를 얻을 수 있게 만들 것이다.

　직업 교육 강화 : 직업 교육 프로그램을 통해 학생들이 졸업 후 바로 취업할 수 있는 기술을 습득할 수 있도록 지원할 계획이다.

　현대 경제에서는 빠르게 변화하는 기술 환경에 맞춰 노동 시장의 요구에 부응할 수 있는 직업 교육이 필수적이다. 그러나 현재의 교육 시스템은 이러한 요구에 충분히 대응하지 못하고 있으며 많은 학생들이 졸업 후 취업에 어려움을 겪고 있다.

　카멀라는 고등학교와 커뮤니티 칼리지에서 첨단 기술 교육 프로그램을 도입해서 IT, 데이터 분석, 인공지능, 로봇 공학 등 고부가가치 산업 분야의 기술을 학생들이 습득할 수 있도록 하는 것을 목표로 하고 있다. 그리고 기업과 학교 간의 산학 협력을 강화하여 학생들이 실제 산업 현장에서 필요한 기술과 지식을 습득할 수 있도록 할 것이다. 이는 인턴십 프로그램과 현장 학습 기회를 통해 이루어질 것이다.

　직업 교육 프로그램이 강화되면 학생들이 졸업 후 바로 취업할 수 있는 기술을 습득할 수 있게 되어 취업률이 향상될 것이고, 이는 노동 시장의 요구에 부응하는 인재를 양성하고 경제 전반의 경쟁력을 높이는 데 기여할 것이다.

7. 총기 규제 강화

총기 규제 강화를 위한 다양한 공약은 총기 구매 배경 조사 강화, 돌격소총 금지, 총기 안전 교육 확대 등으로 구성되어 있다. 이러한 정책들은 총기 소유자의 책임 의식을 높이고 법을 준수하는 문화를 조성하여, 더 안전한 사회를 만드는 데 기여할 것이다. 해리스의 공약은 총기 규제를 강화하여 모든 미국인이 안전하게 살 수 있는 환경을 구축하는 데 중요한 기반을 마련할 것이다.

총기 구매 배경 조사 강화 : 모든 총기 구매에 대해 철저한 배경 조사를 실시하는 법안을 추진할 계획이다.

미국에서 발생하는 많은 총기 사건은 배경 조사가 제대로 이루어지지 않은 경우에 발생한다. 현재의 배경 조사 시스템에는 여러 허점이 있으며, 이를 통해 범죄자와 정신 질환을 앓고 있는 사람들이 총기를 소유하는 일이 발생하고 있다. 배경 조사를 강화함으로써 이러한 문제를 해결할 필요가 있다. 국가범죄이력즉시조회시스템(NICS; National Instant Criminal Background Check System)을 강화하여, 모든 총기 구매자가 철저한 배경 조사를 받도록 할 것이다. 총기 구매 시 모든 범죄 기록과 정신 건강 기록을 철저히 확인하는 것을 포함한다. 카멀라는 사설 거래와 총기 전시회에서 이루어지는 모든 총기 거래에 대해서도 배경 조사를 의무화하는 법안을 제안할 계획이다. 이는 현재의 법적 허점을 막고, 모든 총기 거래가 철저히 감독되도록 하는 것을 목표로 한다. NICS를 개선하여 데이터베이스의 정확성과 신속성을 높일 것이다.

총기 구매에 대한 배경 조사가 강화되면 범죄자와 정신 질환을 앓고 있는 사람들이 총기를 소유하는 일이 줄어들 것이다. 또한, 모든 총기 거래에 대해 배경 조사를 의무화하면 현재의 법적 허점을 막고, 총기 소유자들이 법을 준수하도록 유도할 수 있다.

돌격소총 금지 : 돌격소총은 높은 발사 속도와 큰 탄창 용량을 갖춘 고위험 무기로써 많은 총기 사건에서 사용된다. 이러한 무기는 대규모 총기 사건의 피해를 크게 늘리는 원인이 된다. 따라서 카멀라는 돌격소총과 같은 고위험 무기의 판매와 사용을 금지하는 법안을 제정할 것이다. 기존의 돌격소총 소유자들에게는 일정 기간 내에 해당 무기를 반납하거나 적절한 허가를 받도록 요구하는 것을 포함한다. 그리고 돌격소총의 정의를 명확히 하고 고위험 무기의 범위를 구체화할 것이다. 돌격소총과 같은 고위험 무기를 소유한 사람들에게 무기를 자발적으로 반납할 수 있는 회수 프로그램을 도입할 것이다.

돌격소총 금지 법안이 시행되면 대규모 총기 사건에서 사용되는 고위험 무기의 접근성을 줄일 수 있다. 또한, 무기 회수 프로그램을 통해 불법 무기의 소유를 줄이고, 법을 준수하는 문화를 촉진할 수 있다.

총기 안전 교육 확대 : 총기 소유자들에게 안전 교육을 의무화하여 총기 사고를 줄이는 정책을 추진할 계획이다. 많은 총기 사고는 총기 소유자들이 안전 규정을 제대로 지키지 않거나 총기를 잘못 다루는 경우에 발생한다. 총기 안전 교육을 의무화함으로써 총기 소유자들이 안전하게 총기를 다루고, 사고를 예방하는 능력을 갖추도록하는 것이 중요하다.

카멀라는 총기 소유자들이 반드시 이수해야 하는 총기 안전 교육 프로그램을 도입할 것이다. 이 프로그램의 내용과 기준을 설정하여 모든 총기 소유자들이 일관된 교육을 받을 수 있도록 할 것이다. 이는 총기 안전 규정, 사고 예방 방법, 응급 상황 대응 등을 포함한다. 총기 안전 교육을 이수한 총기 소유자들에게는 교육 이수 증명서를 발급하여 총기 구매 시 이를 제시하도록 제도화 할 것이다.

총기 안전 교육이 의무화되면 총기 소유자들이 안전하게 총기를 다루는 능력을 갖추게 되어 총기 사고가 줄어들 것이고, 총기 소유자들이 안전 규정을 준수하도록 유도하는 문화를 조성할 수 있다.

8. 국제 외교 및 안보 강화

국제 외교 및 안보 강화를 위한 다양한 공약을 제시하고 있는데, 동맹 강화, 국방 예산 효율화, 인권 외교 등 세 가지 주요 내용으로 구성되어 있다.

동맹 강화 : 국제 동맹을 강화하고 글로벌 문제 해결을 위한 다자간 협력을 증진하는 정책을 추진할 계획이다. 미국은 오랜 기간 동안 강력한 국제 동맹을 통해 글로벌 리더십을 발휘해왔다. 그러나

최근 몇 년간 일부 국제 동맹이 약화되었고, 글로벌 문제에 대한 다자간 협력이 부족한 상황이다. 카멀라는 이러한 문제를 해결하고, 미국의 국제적 위상을 회복하기 위해 동맹 강화와 다자간 협력 증진을 목표로 하고 있다.

카멀라는 북대서양조약기구(NATO)와의 협력을 강화하고, 유럽 및 아시아의 주요 동맹국들과의 관계를 공고히 할 계획이다. 유엔, 세계무역기구(WTO), 세계보건기구(WHO) 등 다자간 기구에서의 미국의 참여를 확대하고, 글로벌 문제 해결을 위한 협력을 강화할 것이다. 외교적 리더십을 회복하기 위해 미국의 외교 정책을 재정비하고, 전 세계적으로 미국의 신뢰를 회복하는 데 중점을 둘 것이다.

국제 동맹이 강화되면 미국은 글로벌 문제에 대한 협력과 대응 능력을 높일 수 있고, 다자간 협력이 증진되면 기후 변화, 공중 보건, 무역 분쟁 등 다양한 글로벌 이슈를 효과적으로 해결하는 데 도움이 될 것이다.

국방 예산 효율화 : 국방 예산을 효율적으로 운영하여 안보를 강화하면서도 불필요한 지출을 줄이는 정책을 추진할 계획이다. 미국의 국방 예산은 천조국이라 불릴 정도로 세계 최대 규모로 막대한 예산이 투입되고 있다. 국방 예산이 효율적으로 운영되면, 미국은 안보를 강화하면서도 불필요한 지출을 줄일 수 있고, 효율적 자원 배분을 통해 최신 기술과 전략을 반영한 국방 체계를 구축할 수 있다.

국방 예산의 투명성과 효율성을 높이기 위해 감찰을 강화할 것이다. 불필요한 국방 프로그램과 장비를 축소하고 효율적인 운영을 위한 재정비를 추진할 것이다. 이는 구식 장비와 중복된 프로그램을 폐지하고, 최신 기술과 전략을 반영한 프로그램으로 대체하는 것을 목표로 한다. 국방 자원을 효율적으로 배분하여 주요 안보 위협에 대응하는 데 필요한 자원을 집중할 것이다. 이는 사이버 보안, 우주 안보, 비대칭 전쟁 등에 대한 투자를 강화하는 것이다.

인권 외교 : 전 세계적으로 인권을 보호하고 증진하기 위한 외교 정책을 추진할 계획이다. 인권 문제는 국제 사회의 중요한 이슈로써 많은 국가에서 인권 침해가 발생하고 있다. 미국은 전통적으로 인권 보호와 증진을 위해 노력해왔으며, 카멀라는 이러한 전통을 이어받아 글로벌 인권 문제에 적극적으로 대응하고자 한다.

즉, 인권 침해를 저지르는 국가에 대해 강력한 제재를 가할 것이다. 그리고 국제인권보호협약을 강화하고 새로운 인권보호조약을 체결하는 데 주도적인 역할을 할 것이다. 전 세계적으로 인권을 보호하고 증진하기 위한 지원 프로그램을 도입할 것이다. 인권 단체와 협력하여 인권 교육, 법률 지원, 구호 활동 등을 통해 인권을 보호하는 것을 목표로 한다.

인권 외교가 강화되면 전 세계적으로 인권을 보호하고 증진하는 데 큰 도움이 될 것이다. 인권 지원 프로그램을 통해 인권 침해 피해자들을 돕고, 인권 교육과 법률 지원을 통해 인권 의식을 높이는 데 기여할 것이다. 카멀라의 공약은 국제 외교와 안보를 강화하여 모든 미국인과 전 세계 시민들이 안전하고 공정한 환경에서 살 수 있도록 하는 데 중요한 기반을 마련할 것이다.

◇ 카멀라 해리스 연혁 ◇

초년기 및 교육

1964년 10월 20일: 캘리포니아주 오클랜드에서 태어남. 아버지는 자메이카 출신 경제학자 도널드 해리스, 어머니는 인도 출신 암 연구자 샤말라 고팔란.

1981년: 웨스트마운트 고등학교 졸업.

1986년: 하워드 대학교에서 정치학 및 경제학 학사 학위 취득.

1989년: 캘리포니아 대학교 헤이스팅스 법률대학원에서 법학 박사(JD) 학위 취득.

초기 경력

1990년: 캘리포니아주 변호사 시험 합격 후, 오클랜드의 알라메다 카운티 지방검사실에서 검사로서 첫 직장생활 시작.

1998년: 샌프란시스코 및 카운티의 지방검사실에서 경력 쌓음, 다양한 부서에서 근무.

2003년: 샌프란시스코 지방검사장 선거에 당선되어 첫 아프리카계 미국인 여성으로서 해당 직위에 오름.

2004~2011년: 샌프란시스코 지방검사장으로 재직하며, 범죄 예방 프로그램과 청소년 범죄 방지 프로그램을 추진.

캘리포니아주 검찰총장 겸 법무장관

2010년: 캘리포니아주 검찰총장 선거에서 승리, 2011년부터 2017년

까지 재직. 캘리포니아주의 첫 여성, 첫 아프리카계 미국인 및 첫 남아시아계 미국인 검찰총장.

2011~2017년: 주요 사안으로 주택 압류 위기 대응, 소비자 보호, 환경 보호, 형사사법개혁 등에 주력.

미국 상원의원

2016년: 미국 상원의원 선거에서 당선, 캘리포니아주의 첫 아프리카계 미국인 및 남아시아계 미국인 여성 상원의원.

2017~2021년: 상원에서 법사위원회, 정보위원회, 국토안보위원회 등에서 활동. 형사사법개혁, 이민 정책, 공공 건강, 환경 보호 등의 사안에 집중.

부통령

2020년 8월 11일: 조 바이든 민주당 대통령 후보의 러닝메이트로 선정.

2020년 11월 3일: 조 바이든과 함께 대선에서 승리, 미국 최초의 여성, 최초의 아프리카계 및 남아시아계 부통령 당선.

2021년 1월 20일: 제49대 미국 부통령으로 취임. 바이든 행정부의 코로나19 대응 및 백신 배포 전략에 중요한 역할.

2021년~현재: 이민 개혁, 인종 정의, 기후 변화 대응, 여성권리증진 등 다양한 분야에서 활동. 특히, 국경 위기 해결과 기후 변화 대응에 주력.

2024년 8월 2일: 미국 민주당 대통령 후보.